Gabriele Stöger
Mona Vogl

Gewonnen wird im Kopf, gestolpert auch

Gabriele Stöger
Mona Vogl

Gewonnen wird im Kopf, gestolpert auch

Sieben Strategien gegen Selbstsabotage

Orell Füssli Verlag

3. Auflage 2000

Umschlag: Christine Vonow, Zürich
Umschlagabbildung: Adri Berger (Tony Stone, München)
Druck und Bindearbeiten: Freiburger Graphische Betriebe, Freiburg im Breisgau
Printed in Germany

ISBN 3-280-02401-3

Die Deutsche Bibliothek – CIP-Einheitsaufnahme

Stöger, Gabriele:
Gewonnen wird im Kopf, gestolpert auch :
sieben Strategien gegen Selbstsabotage / Gabriele Stöger ; Mona Vogl. –
Zürich : Orell Füssli, 1999
ISBN 3-280-02401-3

Inhalt

Success is a mind game.
Amerikanisches Sprichwort

«Wer Tore schießen will, muß locker sein im Kopf.»
Jürgen Klinsmann

1 Gewonnen wird im Kopf

So viele Erfolgsrezepte, und keines funktioniert

Eigentlich müßte der Erfolg uns nur so zufliegen. Wenn nur die Hälfte aller sogenannten Erfolgsrezepte, die wir bislang ausprobiert haben, funktionieren würde, hätten wir schon lange eine Villa im Tessin, den Traumpartner, die Harley und kein einziges der Probleme, die uns heute drücken. So versprechen es zumindest die Erfolgsbücher, die Power-Trainer und die Erfolgsrezepte. Und wir fallen immer wieder darauf rein. Wer kennt nicht das Kribbeln, das einen packt, wenn man von einer neuen Erfolgsstrategie hört? Man fragt sich: Ist es das? Ist dies das geniale neue Erfolgsrezept, nach dem ich suche? Bringt diese Technik endlich den Durchbruch, beruflich wie privat? Wir malen uns den Erfolg in den schönsten Bildern aus. Doch es kommt ganz anders.

Wir kaufen das Buch. Wir buchen das Seminar. Und dann sitzen wir da. Das neue Buch ist gelesen und ausprobiert. Und weggelegt. Die Begeisterung über das tolle Power-Seminar ist binnen drei Arbeitstagen spurlos verschwunden. Wir fragen uns: Warum funktioniert das nicht? Oder: Warum funktioniert das ausgerechnet bei mir nicht? Gestern liefen wir noch über glühende Kohlen, heute kommen wir wieder auf dem Zahnfleisch daher. Wir haben zwar einiges getan. Doch nichts hat sich wirklich geändert. Die Probleme sind immer noch die alten. Die großen Aufgaben ungelöst. Zwei Wochen nach dem schönen Time-Management-Seminar liegt der

nagelneue, Lederduft verströmende Timer relativ unbenutzt herum. Wo blieb die gigantische Zeitersparnis, die wir uns erhofften? Und der Streß hat nach dem teuren Manager-Retreat auch nur für wenige Tage nachgelassen, bevor der alte Druck wieder da war. Wo bleibt die neue, versprochene, große Gelassenheit?

In dieser Situation der Ernüchterung sagen viele Menschen: «XY», wobei das jeweilige Erfolgsrezept eingefügt wird, «XY ist nicht der Renner. Hab's ausprobiert. Funktioniert nicht.» Oder sie sagen: «Nettes Seminar. Gute Tips. Aber in der Praxis funktioniert das eben nicht so toll wie im Seminar.» Eigentlich seltsam, nicht? Die Erfolgsrezepte klingen alle so simpel und zwingend:

«Der Glaube an den Erfolg versetzt Berge.»

«Wer seine Ziele klug setzt, erreicht sie auch.»

«Ein gut geführter Zeitplaner spart massig Zeit.»

«Wer clever delegiert, hat Zeit für seine eigentlichen Aufgaben.»

Warum funktioniert es dann nicht? Weil uns bislang nur die halbe Wahrheit über den Erfolg erzählt wurde. Die andere Hälfte fehlt. Sie steht nicht in den typischen Erfolgsbüchern. Einschlägige Erfolgsseminare verschweigen sie.

Erfolgsrezepte sind nur die halbe Erfolgswahrheit. Die ganze Wahrheit ist: Es gibt nicht nur Erfolgsstrategien. Es gibt auch Sabotagestrategien. Jedesmal wenn uns eine Erfolgsstrategie zwei Schritte näher an den Erfolg bringt, wirft uns eine Sabotagestrategie ein, zwei, manchmal drei Schritte zurück. Das Gemeine daran: Während wir ganz bewußt unsere Erfolgsstrategien einsetzen, schleichen sich die Sabotagestrategien ganz unbewußt ein. Ein Beispiel:

Silke Hartmann ist Verkaufsleiterin eines großen Handelsunternehmens. Sie liebt ihren Job. Sie macht ihn gut. Sie hat Erfolg. Es gibt nur einen Punkt, der ihr regelmäßig die Arbeit vergällt. Ihr Vorgesetzter. Der Vertriebsleiter ist «ein etwas altbackener Mensch, der jede gute Idee begräbt, noch bevor wir sie testen können». Irgendwann beschließt Silke Hartmann, daß die ewigen Streitereien über neue Projekte so nicht weitergehen können. Sie besucht ein Konflikttraining für Topmanager. Mit der Erfolgstechnik des Sandwich-Feedbacks kehrt sie zurück. Sie ist überzeugt, daß sie damit die ständigen, zermürbenden und unproduktiven Reibereien zügig und konstruktiv klären kann. Drei Tage nach dem Seminar sitzt sie etwas konsterniert vor ihrer Bürotasse: Es hat nicht funktioniert. Still sinniert sie vor sich hin: «Jetzt weiß ich doch ganz genau, wie das geht. Konflikte sofort auf den Tisch, Ich-Botschaft senden, Alternativvorschläge unterbreiten – und was hab ich getan?» Sie ist aus der Haut gefahren, wie immer, und hat den Vorgesetzten angefahren, wie immer. Die Situation ist eskaliert, das Rezept hat nicht funktioniert. Kommt uns bekannt vor, nicht? Im Grunde wissen wir alle längst, was uns erfolgreich macht.

Wir wissen,

- daß wir joggen, schwimmen und vernünftig essen müßten, wenn wir den Rettungsring auf Dauer loswerden wollen,
- daß wir Mitarbeitern neben der Aufgabe auch den Freiraum delegieren müssen, um sie motiviert zu halten,
- daß konstruktives Feedback Konflikte klärt.

Aber tun wir's? Gehen wir joggen? Geben wir Feedback? Tatsächlich? So oft, wie es nötig wäre? Nein, wir tun es nicht. Obwohl wir es besser wissen! Wir wissen, daß wir jetzt die Aktivitäten für den nächsten Tag planen müßten, um morgen viel Zeit zu sparen. Statt dessen gehen wir eine rauchen. Wir wissen offensichtlich alle ganz gut, was uns Erfolg bringt – warum tun wir's dann nicht? Wir kennen längst alle Erfolgsrezepte – was hindert uns daran, sie einzusetzen?

Wir nutzen nur 25% unseres Erfolgspotentials

Wenn wir Mißerfolg haben, merken wir das meist. Silke Hartmann sitzt da und grübelt: «Jetzt weiß ich doch alles über Konfliktklärung – warum tu ich's dann nicht?» Weil sie sich selbst sabotiert. Als ihr Vorgesetzter wieder mal einen guten Vorschlag einfach so vom Tisch fegt, ist ihr Konflikt-Know-how ebenfalls vom Tisch gefegt. Sie denkt nicht: «Sofort Ich-Botschaft geben». Sie denkt nur noch: «Was für ein gemeiner Schuft. An diesem Vorschlag habe ich Tage gearbeitet!» Und sie poltert los. Hätte sie Feedback gegeben, wie sie es gelernt hat, hätte ihr Bereichsleiter möglicherweise gesagt: «Oh, das wußte ich nicht. Wenn Ihnen die Sache so wichtig ist ... Dann legen Sie mir doch mal eine sauber formulierte Konzeption auf den Tisch.» Das hätte er möglicherweise sagen können. Nach Silke Hartmanns Gefühlsausbruch kann er das aber auf keinen Fall mehr. Er ist selbst auf 180.

Seit Jahren beraten, trainieren und coachen wir Führungskräfte und Angestellte aller Ebenen. Vom Vorstandsvorsitzenden über den Bereichs- und Abteilungsleiter bis zum Projektleiter oder leitenden Angestellten. Und immer wieder begegnen wir einer Variante von Einsteins Erkenntnis: Wir nutzen nur 25 Prozent unseres Erfolgspotentials. Im Schnitt. Manche nutzen 50 Prozent, andere nur 5. Aber alle Menschen könnten erheblich erfolgreicher sein. Wenn sie nur endlich die Sabotagestrategien abstellen könnten. Wenn sie endlich die Dinge beseitigen könnten, die ihren Erfolg behindern.

Diese Erfolgsbehinderung passiert täglich. Paradebeispiel: Positives Denken. Kein vernünftiger Mensch lehnt es ab. Es leuchtet ein, ist vernünftig und wichtig für die Eigenmotivation. Es mildert Lampenfieber, Unsicherheit und Streß. Es gibt uns Selbstvertrauen, läßt uns bei anderen besser ankommen und jede Situation besser meistern – aber, blöd gelaufen, gerade muß ich mich derart über etwas ärgern, daß ich einfach nicht positiv denken kann. Ich rege mich auf, und die Situation eskaliert. Warum? Warum ärgern wir uns, anstatt positiv zu denken? Was hindert uns daran, das Richtige zu tun? Und wie können wir das Richtige trotzdem noch tun? Davon handelt dieses Buch. Es ist speziell für Führungskräfte aller Ebenen und für Menschen im Arbeitsleben geschrieben, die mehr Erfolg in Beruf und Privatleben möchten, aber mit den üblichen Erfolgsrezepten nicht entscheidend weiterkommen. Sie kennen bereits die einschlägigen Mental- und Managementtechniken, die deshalb hier nicht weiter erläutert werden. Was wir eingehend erläutern werden, sind die Umstände, die diese Mentaltechniken sabotieren.

Es gibt Dutzende Arten, sich selbst zu sabotieren. Jede(r) von uns leidet unter der einen oder anderen. Die häufigsten behandelt dieses Buch. Und die Art und Weise, wie man sie ausschalten kann. Denn solange wir sie nicht ausschalten, werden wir langfristig keinen wirklich überragenden Erfolg haben. Eine Customer-Support-Leiterin sagt: «Den Kollegen Meier schicken wir jedes Jahr auf ein anderes Seminar. Delegation, Selbstorganisation, Arbeitstechniken – hat er alles schon mitgemacht. Er ist ein Hektiker geblieben.» Klarer kann man es nicht sagen. Tausendundeine Erfolgstechniken nützen nichts, wenn man seine persönliche Sabotagetechnik nicht eliminiert. Bei Herrn Meier heißt die Sabotagetechnik «Heimlicher Sekundärgewinn» (s. ausführlich Kapitel 2). Er macht nicht deshalb

Hektik, weil er nicht delegieren kann oder es ihm an Selbstorganisation oder an Arbeitstechniken fehlt. Er macht Hektik, weil nur ein gestreßter Mitarbeiter ein guter Mitarbeiter ist.

Über seine Hektik bekommt er Zuwendung («Sie Armer, wieder voll im Streß, was?») und Anerkennung («Was Sie wieder alles jonglieren!»). Daß man sich Anerkennung auch ohne Hektik holen kann, läßt sein Sabotageprogramm nicht in seinen Kopf. Daher funktionieren die üblichen Erfolgstechniken wie Delegation oder Selbstorganisation nicht bei ihm. Er muß nicht lernen, wie man delegiert oder organisiert. Er muß lernen, wie er das Band in seinem Kopf abstellt, das ihm fortwährend einflüstert: «Nur ein hektischer Mitarbeiter ist ein guter Mitarbeiter.» Das kann nur er allein. Denn es ist sein Kopf, in dem das Band abläuft. Niemand anders ist verantwortlich für die Hektik, die ihm zwar Anerkennung sichert, aber seinen Arbeitserfolg und seine Karriereaussichten beschädigt. Er ist für seinen Mißerfolg ganz selbst verantwortlich. Er stellt sich quasi selbst ein Bein.

Spätestens hier wird klar, weshalb es heißt: Erfolg beginnt im Kopf. Nirgends sieht man das so überdeutlich wie im Sport. Sportpsychologen gehen davon aus, daß 50 Prozent des Erfolgs in Kraft- und Ausdauersportarten und 80 Prozent des Erfolgs in Koordinationssportarten wie Golf oder Turmspringen im Kopf produziert werden. Deshalb sagte Jan Ullrich auch vor der Tour de France '98: «Die Tour gewinnt man nur im Kopf.» Die Spitzensportler aller Sportarten trainieren mental. Warum nicht wir? Alle Erfolgstechniken der Welt nützen nichts, wenn der Kopf nicht mitspielt. Man sieht das an manchen Verkäufern, die wegen Mißerfolg entlassen werden. Kaum haben sie den blauen Brief, verkaufen sie in den wenigen restlichen Tagen ihres Verbleibens im Unternehmen wie die Weltmeister.

Das ist tragisch: Erst nach der Kündigung wird die Selbstsabotage aufgehoben. Die Verkäufer wußten die ganze Zeit schon wie man erfolgreich verkauft. Sie kannten die Erfolgsrezepte und Verkaufstricks. Aber sie konnten nichts damit anfangen, weil es mental nicht stimmte. Die Verkaufsleiter erkennen das meist sehr genau. Sie sagen: «Bei dem stimmt es im Kopf nicht.» Oft tippen sie sogar die «Einsteinsche Konstante» richtig: «Der bringt nur ein Viertel dessen, was er bringen könnte.» Wenn er dann gekündigt worden ist und die Sabotagestrategie in seinem Kopf ihn nicht mehr behindert, bringt er plötzlich das Vierfache seiner Leistung.

So ergeht es uns oft: Wir wissen genau, wie man etwas gut macht. Aber wir sind wie vor den Kopf gestoßen. Blockiert. Es gibt Hunderte Arten von Blockaden. Bei vielen Verkäufern verhindert der innere Revoluzzer den Erfolg. Sobald ihnen jemand sagt: Du mußt verkaufen! schalten sie unbewußt auf Opposition: Ich lasse mich nicht herumkommandieren! Einerseits wollen sie verkaufen, andererseits wollen sie keinen Druck. Eine innere Stimme sagt: Umsatz! Die andere: Laß dir nichts vorschreiben! Diese innere Stimme sabotiert den Erfolg. Wie man mit ihr umgeht, sehen wir in den Kapiteln 3 und 6.

Erfolg ist Einstellungssache; also müssen wir dafür sorgen, daß wir die richtige Einstellung haben. Dann erst funktionieren die Erfolgstechniken. Dann erst sind wir so erfolgreich, wie wir es uns wünschen. Deshalb betrachten wir in den nachfolgenden Kapiteln die fünf häufigsten Stellen, an denen wir uns auf der Straße des Erfolgs selbst im Weg stehen.

«Gute Vorsätze scheitern meist an noch besseren Ausreden.»
Dr. Michael Spitzbart, Sportmediziner

«Man tut ja gerne so,
als müßte man sich nur ein Ziel setzen
und die Sache sei gelaufen.»
Samuel Shem

2 Die großen Lebensziele

«Ich müßte endlich mal ...»

Bernd Hobsch, Abteilungsleiter, sagt: «Ich müßte mir einfach mehr Zeit für meine Familie nehmen. Meine Frau schaut mich schon ganz scheel an. Und meine Kinder sehe ich nur noch am Wochenende – wenn ich nicht auf Messe bin.» Eine Kollegin meint daraufhin: «Das sagst du schon seit zwei Jahren. Warum machst du's nicht endlich – bevor dir deine Frau davonläuft?» Das ist die Frage.

Eine Frage, die uns in ähnlicher Form, nur mit wechselnden Inhalten – endlich Diät halten, mehr Sport treiben, endlich das Liegengebliebene anpacken – täglich bewegt. Und sie bewegt uns auf eine geradezu beunruhigende Art, sobald wir auch nur ein einziges Erfolgsbuch gelesen haben. Denn eigentlich dürfte sich diese Frage gar nicht stellen. Wir wissen doch:

«Ziele sind Magneten: Sie ziehen den Erfolg an!»

«Ziele sind Fixsterne am Himmel – sie leuchten Ihnen den Weg.»

«Wer nicht weiß, wohin er will, muß sich nicht wundern, wenn er ankommt, wo er nicht hinwollte.»

«Der Langsamste, der sein Ziel nicht aus den Augen verliert, geht immer noch schneller als der, der ohne Ziel umherirrt.»

«Wer sein Ziel nur fest genug im Auge behält, erreicht es auch.»

Bernd Hobsch kennt ein halbes Dutzend dieser Zielverheißungen auswendig – noch vom letzten Management-Training her. Er hat sein Ziel zwei Jahre lang fest im Auge behalten. Und? Wo ist der wie vom Magneten gezogene Erfolg? Warum funktioniert das Erfolgsrezept nicht? Hallo, Sie kennen sich aus? Sie sagen: «Weil er sein Ziel nicht smart formuliert hat.» Sehr guter Einwand. Als aufgeklärte und seminarerfahrene ZeitgenossInnen wissen wir: Ziele müssen smart formuliert sein, um erreicht zu werden:

S Simpel, selbstinitiierbar und sinnesspezifisch
M Meßbar formuliert
A In der Als-ob-jetzt-schon-erreicht-Form formuliert
R Realistisch
T Total positiv und im Timing festgelegt

Also nimmt sich Bernd Hobsch vor: «Ich (A) gehe (S) heute abend (T) um halb sechs (R) zur Bürotür raus (M) und sofort nach Hause.» Damit das Ziel noch mehr Zugwirkung entfaltet, befolgt Hobsch sogar einen weiteren Erfolgstip: Er teilt sein Ziel stolz seiner Sekretärin und seiner Frau mit. Wegen des pädagogischen Drucks. Als er nach der Tagesschau völlig gehetzt zu Hause ankommt, schaut ihn seine Frau nur stumm an. Schuldbewußt ruft Hobsch: «Verflixt nochmal, was soll ich denn machen, wenn der Vorstand um halb fünf anruft und den Bericht doch noch bis morgen haben will?» Seine Frau erwidert: «Und morgen ist es wieder was anderes.» Hobsch zuckt resigniert mit den Schultern. Er weiß ja, daß seine Frau recht hat.

Hobsch hat sein Ziel nicht erreicht, was ihm die üblichen Selbstvorwürfe und die Vorwürfe seiner Familie einbringt. Weil er sein Vorhaben obendrein angekündigt hat, steht er jedoch noch schlechter da als sonst. Deshalb hat er jetzt ein dreifach schlechtes Gewissen: Er hat sein Ziel nicht erreicht, die Erfolgsstrategie in den

Sand gesetzt und sich noch Zusatzärger mit Frau und Sekretärin eingehandelt. Paradoxes Ergebnis: Die Erfolgsrezepte haben das Problem nicht gelöst, sondern verschlimmert. Das stand nicht im Erfolgsratgeber.

Wenn wir uns gegenseitig zuhören, scheint unser ganzes Leben angefüllt zu sein von diesen Ich-sollte-jetzt-endlich-aber-mal-Zielen:

«Ich muß endlich aufhören, jedem Problem hinterherzulaufen, und mich auf meine eigene Arbeit konzentrieren.»

«Ich sollte aufhören, alles hundertprozentig machen zu wollen.»

«Ich muß mich endlich von lästigen Routinen entlasten.»

«Ich müßte mich schon lange mal ruhig hinsetzen und langfristig planen, anstatt mich permanent von der operativen Hektik hetzen zu lassen.»

«Ich müßte den Termindruck und das Chaos besser in den Griff bekommen.»

«Ich sollte angefangene Projekte zu Ende führen, anstatt von einer halbfertigen Sache zur nächsten zu springen.»

«Ich sollte meinen Mitarbeitern mehr Anerkennung geben.»

«Ich müßte allmählich mehr Abstand zu den Dingen entwickeln und mich nicht ständig so aufregen.»

«Ich müßte einfach konsequenter meine Pläne verfolgen und mich nicht ständig von Nebensächlichem ablenken lassen.»

«Ich müßte mir mehr Zeit für das wirklich Wichtige nehmen, anstatt mich permanent vom Dringenden vereinnahmen zu lassen.»

«Ich müßte endlich das Rauchen aufgeben.»

«Ich sollte mich mehr bewegen.»

«Ich muß endlich mein Leben in den Griff bekommen.»

«Ich sollte endlich mal dem Chef die Meinung sagen.»

War Ihr Ich-müßte-endlich-Ziel dabei? Können Sie noch einige Ziele dranhängen? Warum haben Sie sie noch nicht erreicht? Eigentlich traurig, nicht? Wenn wir nur zehn Sekunden nachdenken, fallen uns so viele Ziele, Träume und Wünsche ein, die unerfüllt vor sich hin modern. Was wollten wir alles mal erreichen! Und was ist daraus geworden?

Der heimliche Sekundärgewinn

Wir wissen ganz gut, was uns guttut. Wir kennen unsere Ziele und Wünsche. Weniger fett essen, mehr Sport treiben, mit Zielvereinbarungen führen, Mitarbeiter motivieren, Kundenreklamationen werturteilsfrei annehmen. Und wir nehmen es uns auch ernsthaft vor. Wir formulieren Tagesziele, wir visualisieren, wir schließen einen Zielvertrag mit uns selbst, wir planen akribisch, denken positiv und glauben ganz fest daran – aber dann klappt's wieder nicht. «Wer seine Ziele kennt, erreicht sie auch.» Das sagt der Erfolgstrainer. Aber wir erleben täglich das Gegenteil. «Was soll ich machen», ruft Bernd Hobsch frustriert, «wenn der Vorstand ‚Spring!' sagt, muß ich hüpfen!» Peter meint: «Klar müßte ich endlich mal meine langfristigen Ziele festlegen. Aber ich finde dafür einfach keine Zeit.»

Das sind alles gute Gründe. Aber es sind nicht die wahren Gründe für den Mißerfolg. Man erkennt das daran, daß man sein Ziel auch dann nicht erreicht, wenn die guten Gründe wegfallen. Auch wenn der Vorstand nicht «Spring!» befiehlt, schiebt Bernd Hobsch Überstunden. Manche Menschen glauben ihr Leben lang an diesen Keine-Zeit-kein-Talent-andere-sind-schuld-Mythos. Was leicht fällt, da man ja wirklich keine Zeit hat und andere einen ständig behindern. Trotzdem ist das eine Selbsttäuschung. Wenn wir unsere Ziele verfehlen, liegt das nicht an Zeit, Talent oder Zielformulierung. Wir verfehlen sie, weil es uns oft nützt, sie zu verfehlen. Wir werden dafür belohnt, sie nicht zu erreichen. Klingt verrückt?

Bernd Hobsch bekommt zwar zu Hause Ärger wegen seiner Überstunden. Im Betrieb und bei der Kundschaft bekommt er dafür aber höchste Anerkennung. Und auf diesen Sekundärgewinn möchte er nicht verzichten. Doch das weiß er nicht. Er sieht zwar bewußt, was eine pünktliche Heimfahrt ihm bringen würde, aber unterbewußt hat er sich für den Sekundärgewinn entschieden – quasi hinter seinem eigenen Rücken. Hobschs Wille entscheidet sich für den Feierabend, sein Unterbewußtsein aber für den Sekundärgewinn. Das Unterbewußte ist stärker. Deshalb sagt der Volksmund auch: «Es ist stärker als ich.» «Es» ist das Unterbewußte.

Das wirklich Gemeine daran ist, daß der Sekundärgewinn zwar unser Handeln steuert, wir selbst das aber meist nicht bemerken. Karlchen hat seinen Kindern schon lange versprochen, mit ihnen ans Meer zu fahren. Dummerweise kommt aber in letzter Minute ein neues, dringendes Projekt dazwischen. «Tut mir leid, Kinder», sagt Karlchen, «ich kann mir nicht leisten abzulehnen.» Die Karriere, man kennt das ja. Tatsächlich macht sich Karlchen selbst was vor. Er erkennt den Sekundärgewinn nicht. Karlchens Kollege hat einen weniger verstellten Blick auf den Sekundärgewinn. «Ach wie gut», sagt er augenzwinkernd, «daß das Projekt ausgerechnet auf die Sommerferien fällt, nicht?» Karlchen verzieht das Gesicht. Eigentlich hat der Kollege recht. Drei Wochen mit dem quengelnden Nachwuchs in einem Ferienhaus ... Karlchen kann sich Schöneres vorstellen. Aber daß er aus diesem Grund das Projekt angenommen hat, war ihm bis zu diesem Augenblick nicht bewußt. Meist kommt unsere Umwelt schneller auf den Sekundärgewinn als wir selbst. Sie durchschaut uns besser als wir uns selbst. Sie hat ja dafür den größeren Abstand.

Wer seinen versteckten Sekundärgewinn entdeckt, lebt leichter. Viele Dinge werden möglich, die vorher unmöglich waren. Peter zum Beispiel leidet unter dem Hyperstreß in seinem Job. Irgendwann hat er die Nase voll davon und besucht ein Time-Management-Seminar. Das Ergebnis ist dramatisch. Drei Tage hintereinander verläßt er Schlag 16.30 Uhr das Büro – und hat doppelt so viel geleistet wie üblich! Am vierten Tag kommt er erst um 18 Uhr nach Hause. «Ich bin doch nicht wahnsinnig», sagt er zu seiner Frau. Sein Chef hatte ihn gefragt, seit wann er nur halbtags arbeite. Seine Kollegen haben bei ihm Arbeit abgeladen, «weil du ja offensichtlich nichts zu tun hast». «Time Management kann ich mir einfach nicht leisten», sagt Peter. Die Sekundärgewinne Karriere und

Ruhe vor den Kollegen wiegen zu schwer. Peter gewinnt trotzdem: Er fühlt sich nicht länger als Versager und schlechter Manager, weil er die Hektik nicht in den Griff bekommt. Er weiß jetzt, daß Hektik Karrierekriterium ist.

Meist reflektieren wir aber nicht so analytisch wie Peter. Wir merken gar nicht, wie uns der Sekundärgewinn an der Nase herumführt. Franziska stöhnt: «Jetzt hätte ich gerade eine halbe Stunde so schön Zeit gehabt, mal die Füße hochzulegen und über einige grundlegende Sachen nachzudenken» – und was tut sie? Sie «muß sich schnell um die Auslieferung» kümmern. Warum passiert ihr das dauernd? Warum ist sie ständig in Hektik? Weil so viel zu erledigen ist? Nein, die erledigte Zusatzarbeit ist der Primärgewinn. Doch der Sekundärgewinn entscheidet. Wer Hektik macht, muß sich keine unbequemen Fragen stellen und sich nicht um die eigentlichen Probleme kümmern. Man kennt das von Vorgesetzten: «Jetzt rennt er wieder rum und verbreitet operative Hektik, nur damit er sich nicht um die Strategie 2000 kümmern muß!» Die Mitarbeiter wissen meist recht gut, was der Chef an Sekundärgewinn verfolgt – auch wenn er es nicht weiß. Und je drängender die wirklich wichtigen Fragen, desto heftiger drücken wir uns vor ihnen, weil der Sekundärgewinn um so größer wird. Deshalb entwickeln gerade Menschen in der Midlife-Krise oft erstaunlichen Tatendrang. Je mehr man sich fragt, wohin einen das eigene Leben denn führen soll, desto heftiger wird die Neigung, sich um die Antwort zu drükken.

Es hat also immer einen guten Grund, wenn wir uns selbst ein Bein stellen. Wer so lange an Details herumfeilt, bis der Abgabetermin für die Arbeit verstrichen ist, möchte sich nicht selbst aus dem Rennen werfen. Er hat vielleicht nur panische Angst vor Fehlern, vor der Blamage, vor dem Scheitern seiner eigenen überzogenen Erwartungen. Wer sich niemals Zeit für sich selbst nimmt und sich für Kollegen, Mitarbeiter, den Betrieb aufopfert, ist nicht scharf auf den Burnout. Er ist vielleicht nur süchtig nach Anerkennung. Wer seine Ziele, die er/sie eigentlich unbedingt erreichen müßte, nicht erreicht, ist nicht bescheuert oder blöd oder willensschwach oder zu alt oder zu unerfahren oder unfähig zur Zielformulierung. Er/sie stolpert lediglich über den Sekundärgewinn. Zumindest sollten Sie das prüfen.

Notieren Sie die drei Ziele oder Wünsche, die Ihnen spontan in den Kopf kommen und die noch der Erfüllung harren. Es können auch die drei wichtigsten oder die drei lästigsten Ziele sein:

____

____

____

Gehen Sie in sich. Daß Sie Ihre Ziele noch nicht erreicht haben, ist zwar ärgerlich. Aber was haben Sie davon? Wer nicht joggen geht, kann daheim bequem auf dem Sofa liegen. Wer seine Familie nicht sieht, muß das Geschrei der Kinder nicht ertragen. Wer in der Hektik ertrinkt, muß sich nicht um die wirklich wichtigen und vielleicht unangenehmen Dinge kümmern. Stochern Sie ein wenig im Trüben herum. Wo macht's im Bauch «klick»? Welcher Sekundärgewinn hält Sie auf? Es bringt viele Annehmlichkeiten, ein Ziel nicht zu verfolgen, beziehungsweise es nicht zu erreichen. Was ist für Sie die hauptsächliche Annehmlichkeit? Notieren Sie sie hinter die obigen drei Ziele.

Versuchen Sie jetzt aber bloß nicht, den Sekundärgewinn zu bekämpfen. Das tun nämlich viele Menschen. Sie entwickeln typisch deutsche Tugenden. Sie beißen die Zähne zusammen bei der Entwöhnung des Rauchens, beim Abnehmen, beim Mehr-Zeit-für-den-Partner-Nehmen, beim Weniger-Hektik-Machen ... Sie sind hart gegen sich. Sie sind eisern. Aber wie lange hält das vor? Jeder, der sich schon mal erfolglos das Rauchen abgewöhnte, weiß, wie lange. Nicht lange. Der Sekundärgewinn ist immer stärker. Man kann ihn nicht bekämpfen. Wenn jemand behauptet, daß er sich einen Erfolg hart erkämpft hat, kann man fast schon vermuten, daß er es a) falsch angestellt hat und b) daß der Erfolg nicht lange hält. Denn immer, wenn wir gegen den Sekundärgewinn ankämpfen, kostet es Kraft und unmenschliche Überwindung.

Nicht umsonst sagen Fitneßtrainer: «Nur was Spaß macht, hält man durch.» Wer ständig gegen den Sekundärgewinn kämpft, kommt nicht weit. Karlchen ahnt zumindest, daß sein geistiger Aufsichtsrat ihm gebietet: «Mach Sekundärgewinn, Ruhe vor den Kindern!» Aber er ignoriert ihn einfach und schleppt sich pünktlich um 17 Uhr nach Hause. Der innere Aufsichtsrat schaut sich das eine Weile an und dreht Karlchen dann einfach den Motivationshahn zu. Karlchen geht wieder um 19 Uhr nach Hause.

Wenn Karlchen sein Ziel «früh nach Hause» ständig wegen des Sekundärgewinns «Ruhe vor den Kindern» verfehlt, dann darf er den Sekundärgewinn nicht länger bekämpfen. Er muß ihn ins Ziel integrieren. Indem er zum Beispiel sagt: «Kinder, die erste halbe Stunde nach Geschäftsschluß brauche ich für mich. Dann bin ich für euch da.» Oder indem er einfach einmal um den Block geht, um den nötigen inneren Abstand zu bekommen.

Es gibt Kollegen, die sind Profis bei der Integration des Sekundärgewinns. Wegen des Sekundärgewinns «Karriere» muß man in vielen Unternehmen einfach hektisch, gestreßt und total überlastet wirken. Gelassenheit, Souveränität, Überblick und strategisches Denken sind Karrierekiller. Also integriert man den Sekundärgewinn über eine gezielte Schizophrenie. «Auf dem Gang renne ich im Laufschritt rum, blicke verhetzt und verstreue Unterlagen», sagt Eva. «Im Büro mache ich die Tür zu, lege die Füße hoch und denk über das nach, was wirklich wichtig ist.» Jeder muß seine eigene, individuelle Integration finden.

Welche Wege integrieren Ihren Sekundärgewinn? Welchen Weg präferieren Sie? Notieren Sie ihn neben die Ziele oben. Wir erreichen unsere Ziele langfristig und ohne unmenschliche «Selbstbeherrschung» nur dann, wenn wir den Sekundärgewinn integrieren. Eine Problemlösung funktioniert immer nur dann und nur so lange, wie der Sekundärgewinn sichergestellt ist.

Es gibt für jeden Sekundärgewinn mindestens eine Integrationsmöglichkeit. Manchmal muß man etwas nachdenken, eine oder zwei Möglichkeit ausprobieren und dann die dritte nehmen. Aber immer läßt sich der Sekundärgewinn integrieren. Und ist er integriert, werden Ziele und Wünsche, die jahrelang als unerreichbar galten, mit einem Schlag wahr. Natürlich ist es ein bißchen anspruchsvoller, in sich zu gehen und den Sekundärgewinn aufzuspüren, als blind hinter einem x-beliebigen «Erfolgsrezept» herzulaufen und auf ein Erfolgserlebnis zu hoffen. «Wenn ich nur ganz fest ans Ziel glaube, erreiche ich es auch» – und die Kinder bringt der Klapperstorch. Wir müssen beides tun: Ein klares Ziel setzen, aber dann alles ausräumen, was die Zielerreichung behindert.

Es kann der Frömmste nicht sein Ziel erreichen ...: Die Umweltverträglichkeit

Im Erfolgsratgeber steht: «Wer ganz genau weiß, was er will, bekommt es auch.» Schön wär's. Wenn ich weiß, was ich will, heißt das noch lange nicht, daß ich es auch kriege. Denn ich bin nicht allein auf der Welt. Nehmen wir Sonja Kling, die Leiterin der Personalentwicklung (PE): «Ich schicke ständig Mitarbeiter auf Weiterbildung. Dabei müßte ich dringend mal was für mich selbst tun.» Sie tut es aber nicht. Warum nicht? Weil ihr Chef sagt: «Ein Manager, der auf Seminaren rumhängt, hat wohl nichts Besseres zu tun.» Und schon ist es Essig mit Sonjas Ziel. Wie viele Pläne scheitern wegen der Kinder, der Eltern, des Partners, des Chefs, der Kollegen?

Unsere Umwelt redet kräftig mit, wenn es um unsere Ziele geht. Seltsamerweise ist es aber nicht der Chef, der Sonja Kling das Ziel verbaut. Und das ist die Regel. Nicht die Umwelt sabotiert unsere Ziele. Das erledigen wir schon selbst. Indem wir mit Harakiri-Methoden auf den Einspruch der Umwelt reagieren:

Auf die harte Tour. Manche sind so verärgert über die mangelnde Unterstützung gerade von den Menschen, von denen sie Unterstützung erwartet hatten, daß sie trotzig werden: «Ich habe auch Rechte. Jetzt erst recht.» Das wiederum stachelt den Widerstand der Umwelt noch mehr an. Sie sabotiert das Ziel noch stärker – weil die Eskalation provoziert wurde.

Die flauscheweiche Masche. Oft ist man vom vehementen Einspruch seiner Umwelt so enttäuscht, daß man sein Ziel kurzerhand aufgibt: «Dann eben nicht. Ich brauche die anderen noch.» Das ist zwar legitim, aber mit hohen Kosten verbunden: Man erreicht seine Ziele nicht. Man tut das so lange, bis von den eigenen Wünschen und Träumen nur noch übrig ist, was die Umwelt erlaubt. Das ist in der Regel nicht genug für ein erfülltes Leben. Deshalb sagt der Weise auch: «Wer sich nach dem Urteil der Welt richtet, schüttet Wasser in ein Sieb.»

Der faule Kompromiß. Die PE-Leiterin möchte zwar gerne auf ein Seminar, aber da ihr Chef das nicht gerne sieht, geht sie eben in ihrer Freizeit. Ihr Freund sagt: «Bist du übergeschnappt? Du hast ein Recht auf Weiterbildung! Wie kannst du unser gemeinsames Wochenende verplanen!» Sie erwidert: «Ja schon, aber was soll ich machen? Der Chef sieht das nicht gerne bei leitenden Angestellten.» Man spürt förmlich das Bauchweh bei diesem faulen Kompromiß, nicht? Faule Kompromisse sind wie faule Früchte. Man kann sie zwar essen, muß dann aber mit Bauchschmerzen leben.

Die Lösung des gesunden Menschenverstandes. Eine Kollegin der PE-Leiterin sagt: «Klar ist der Chef gegen Seminarbesuche für Manager. Aber ist dir schon aufgefallen, daß er jeden Auslandsaufenthalt enthusiastisch unterstützt, wegen der Internationalisierung?» Also fragt die PE-Leiterin den Chef, ob sie nach St. Gallen aufs Internationale Managementseminar gehen darf. Darauf der Chef: «Aber immer. Da kommen Sie endlich mal aus Ihrem Büro raus und sehen, wie es im globalen Markt wirklich aussieht.»

Wir erwarten implizit, daß die Umwelt uns in unseren Zielen unterstützt. Tut sie das nicht, sind wir enttäuscht. Wirft sie Knüppel, sind wir frustriert. Das ist normal. Nicht normal ist, daraufhin die Flinte ins Korn zu werfen. Wer sich ein Ziel faßt und keinen Gedanken an die Reaktion der Umwelt verliert, stellt sich selbst ein Bein. Wer sich ein Ziel faßt, sollte auch mit Einwänden rechnen und sich zwei ganz vernünftige Fragen stellen:

- Was kann ich tun, damit die Umwelt mein Ziel akzeptiert?
- Wie mache ich mein Ziel umweltverträglich?

Zwar scheint der Einspruch der Umwelt, vor allem der hierarchisch höhergesiedelten, der Familie, der guten Freunde oft unüberwindlich. Doch wo ein Wille zur Einwandsbehandlung ist, ist auch ein Weg.

Als Emily endlich den festen Vorsatz faßt, von ihrem Gewicht herunterzukommen, verliert sie nach und nach die Freundschaft ihrer Clique. Je schlanker sie wird, je näher sie ihrer Idealfigur kommt, desto stärker zieht sich die Gruppe von ihr zurück. Emily versteht die Welt nicht mehr. «Offensichtlich mögen die mich dick.» Viele fangen in dieser prekären Situation unwillkürlich wieder zu futtern an, um dem Einspruch der Umwelt gerecht zu werden. Sie geben ihr Ziel auf. Sie möchten die Akzeptanz der Umwelt nicht verlieren. Sie halten das Ziel unter den gegebenen Umständen für unerreichbar. Das ist es nicht. Einwände sind zwar wie Mauern, gegen die man läuft. Aber auch Mauern haben Türen. Man muß sie nur finden.

Emily gibt ihr Ziel nicht auf. Sie sucht Umweltverträglichkeit. Sie fragt ihre beste Freundin: «Was ist los? Mögt ihr mich nicht mehr?» Die sagt: «Kein Wunder. Früher warst du unsere Ulknudel, und jetzt bist du so ein abgezehrtes Häuflein Bierernst.» Emily geht ein Licht auf. Sie war so aufs Maßhalten konzentriert, daß ihr kein Witz mehr über die Lippen kam. Sie ändert das bewußt. Und sie spricht es offen an: «Leute, ich muß abnehmen, und ich weiß, daß ich auch euch damit belaste. Aber mich belastet es noch viel mehr. Und ohne eure Hilfe schaffe ich es nicht.» Das reicht, um die Solidarität der Gruppe zu wecken. Jetzt dreht die Gruppe den Spieß um: Sie werden gebraucht, also reißen jetzt die anderen die Witze, muntern Emily auf und helfen ihr beim Maßhalten. Einwand überwunden.

Es ist gut, Einwände zu überwinden. Besser ist, es gar nicht soweit kommen zu lassen. Emily hätte durchaus schon früher darauf kommen können, daß ihre Umwelt nicht gerade begeistert auf ihren Kalorien-Kreuzzug reagieren würde. Deshalb ist die «Wettervorhersage» der Umweltreaktion bei der Zielformulierung so wichtig:

- Wird meine Umwelt mich für dieses Ziel lieben oder hassen (und mich sabotieren)?
- Wann immer Sie letzteren Verdacht hegen, nehmen Sie die möglichen Einwände mental vorweg. Vorbeugen ist besser als heilen.

Es ist schon schwer genug, mit einem offenen Einwand des Umfeldes fertig zu werden. Aber noch schwerer fällt das bei indirekten oder gar nur projizierten Einwänden. Franz Wohlfert will als leitender Angestellter schon lange das betriebliche Vorschlagswesen reformieren, aber: «Das hat der Seniorchef selbst noch entworfen, das ist sein Baby, da läßt er keinen ran.» Wohlfert ist mehr als frustriert: «In dieser Firma werden dir von links und rechts Steine in den Weg gelegt.» Seine Tochter sagt: «Hast du ihn denn schon mal gefragt?» – «Nein, natürlich nicht! Das wäre reine Zeitverschwendung. Da ist er sowieso dagegen.» Mindestens die Hälfte, wenn nicht drei Viertel aller Einwände gegen unsere Ziele sind nicht konkret ausgesprochen. Wir vermuten sie nur. Aber wir halten sie für bare Münze. Und verwerfen unser Ziel. Weil wir glauben, daß Herr oder Frau X dagegen ist. Weil er oder sie in ähnlicher Situation schon mal ähnlich abweisend war. Das ist nicht logisch. Aber wer denkt schon rein logisch, wenn es um die eigenen Ziele geht?

Gerade für nur vermutete Einwände gilt: Auf den Tisch damit. Was muß ich tun, damit das Umfeld mein Ziel akzeptiert? Wenn Wohlfert zum Chef marschiert und sagt: «Also, das Vorschlagswesen funktioniert doch hinten und vorne nicht!» kann er sich ausrechnen, was der Chef sagt. Aber wenn er den Chef darauf anspricht, wie erfolgreich das Vorschlagswesen früher war, wieviel Ideen es hervorbrachte und ihm die Statistik mit den heutigen, stark rückläufigen Zahlen zeigt, dann macht er nicht sein Baby schlecht. Er zeigt ihm, wie man es aus dem Brunnen holen kann. Natürlich ist dieses umweltkonforme Vorgehen für manche viel zu vernünftig. Sie werfen beim ersten Anzeichen von Einspruch lieber die Flinte ins Korn und schimpfen auf die böse Umwelt. Oder sie stellen auf stur. Durchaus akzeptabel. Man kann auch mit dem Kopf durch die Wand. Nur sollte man sich dann nicht über Beulen wundern.

Kampf ist Krampf: Situationspassung

Im Erfolgsratgeber steht auch: «Wer sich bedingungslos einsetzt, erreicht jedes Ziel.» Dieses Rezept ist nicht nur gefährlich, es ist geradezu gesundheitsgefährdend. Wer sich bedingungslos einsetzt, erreicht sein Ziel meist nicht. Ein Beispiel:

Thomas Merz ist Triathlet. Er möchte unbedingt beim Ironman-Triathlon mitmachen. Deshalb hat er sich ein ehrgeiziges Trainingsprogramm auferlegt. Er zieht es eisern durch. Zwei Wochen später ist sein Knie so dick, daß er einen Monat pausieren muß und die Qualifikation nicht schafft. Dumm gelaufen? Das meint zumindest Thomas Merz: «Pech. Gegen Verletzungen ist niemand gefeit.» Das ist Unsinn. Natürlich ist niemand gegen Verletzungen gefeit. Aber Merz hat sich selbst ein Bein gestellt. Er kannte den Unterschied zwischen Gas und Bremse nicht. Man muß nicht nur sein Ziel kennen. Man muß auch wissen, wann man es ignorieren muß. Wann man zurückstecken und wann man ganz aufhören muß, um vorwärts zu kommen. Hätte Merz etwas kürzer getreten, hätte er am Ironman teilnehmen können.

Die PE-Leiterin sagt eines Tages: «Ich spiele hier doch nicht die Dumme. Übermorgen gehe ich endlich aufs Seminar. Komme, was da wolle.» Sie reist tatsächlich ab, obwohl am Vortag eine Riesenpanne ihren halben Bereich lahmlegte: «Das geht auch ohne mich. Ich muß auch mal an mich denken.» Der Chef ist da ganz anderer Meinung, als er von dem Schlamassel hört. Eigentor. Wer sich ein Ziel setzt, sollte sich neben den Fragen zum Sekundärgewinn und zur Umweltakzeptanz auch folgende Fragen stellen:

- Wann, unter welchen Umständen will ich das Ziel realisieren?
- Unter welchen Umständen setze ich das Ziel aus (Abbruchkriterien)?
- Bei welcher Veränderung der Situation werde ich mein Ziel modifizieren?

Diese Fragen muß man unbedingt schon vor der Realisierung abchecken. Sonst fühlt man sich so wie Thomas Merz, der sich bei der

TV-Übertragung des Ironman wie ein Versager vorkommt. Er hat sein Ziel ja nicht erreicht. Für diese Frustration trägt er selbst die Verantwortung. Er hätte lediglich das Abbruchkriterium einbauen müssen: «Ich will am Ironman teilnehmen, sofern der Körper mitspielt.»

Natürlich läßt sich nicht jedes Abbruchkriterium im voraus absehen. Ob das Ziel noch zur aktuellen Situation paßt, kann man auch prüfen, wenn die aktuelle Situation eintritt. Jedoch blind am Ziel festzuhalten, komme, was da wolle, ist ziemlich gefährlich – wie jeder Blindflug.

Wenn man das so liest, denkt man «Kann mir nicht passieren! Ich weiß doch, wann ich kürzer treten muß.» Leider ist man in der tatsächlichen Situation nicht so cool wie beim Buchlesen. Wenn wir endlich unseren inneren Schweinehund überwunden haben und endlich, endlich diese lange vor uns hergeschobene Aufgabe anpacken, dann wollen wir's wissen. Dann holen wir die Brechstange raus. Jetzt wird das Problem aber ein für allemal geklärt! Und dann ist Ruhe! Und schon schießen wir übers Ziel hinaus. Es gibt einen Unterschied zwischen Entschlossenheit und blindem Eifer. Dieser Unterschied ist um so schwerer zu erkennen, je emotionaler wir handeln. Der Unterschied heißt: Situationspassung.

Was in der einen Situation zum Ziel führt, ist in der anderen Situation blanke Sabotage. Also braucht man zwar ein entschlossenes Herz, aber auch ein aufmerksames Auge: Ist die Situation noch geeignet für die Zielverfolgung? Soll das Ziel ruhen oder modifiziert werden? Die Welt ändert sich ständig – wenn sich unsere Ziele nicht mitändern, schauen wir früher oder später in die Röhre. Aber: Es gibt auch einen Unterschied zwischen Zielmodifikation und rückwärts umfallen. Das abendliche Walking ausfallen zu lassen, weil es regnet, ist für sich genommen nicht flexibel, sondern bequem. Erst wenn man wegen des Regens auf den Home-Trainer umsteigt, ist das Ziel flexibel modifiziert.

Nicht das blinde Festhalten an Zielen, sondern der Wechsel zwischen Entschlossenheit und Flexibilität zeichnet erfolgreiche Menschen aus. Wenn eine Maschine den Geist aufgibt, muß man das Ziel, einen Produktionsrekord aufzustellen, verschieben. Trotzdem weiterzumachen nach dem Motto «Jetzt erst recht!» verursacht möglicherweise das Ausbrennen weiterer Kapazitäten – meist zuerst der Mitarbeiter. Dann geht die Produktion noch weiter in den Keller. Am Ziel festzuhalten schadet hier nur. Thomas Merz kuriert erst einmal sein Knie aus: Das ist jetzt sein Hauptziel. Danach kehrt er wieder zu seinem eigentlichen Ziel zurück. Diese Flexibilität bringt den Erfolg.

Das Glück kommt mit den richtigen Zielen.

Wir haben eigentlich alles, was wir wollen. Einen alles in allem guten Beruf, einige nette Kollegen, unseren Freundeskreis und Erfolg am Arbeitsplatz. Wir leiden keine akute Not. Wir leisten gute Arbeit und streichen dafür auch Anerkennung ein. Wir erreichen die Ziele, die man uns und die wir uns selbst setzen. Warum sind wir trotzdem unzufrieden? Logisch, man freut sich kurz über den Umsatzerfolg, über den Projektabschluß oder über einen Turniersieg. Aber bringt's das wirklich? Ist das wirklich alles? Hat das Leben nicht mehr zu bieten? Nein: Solange man die falschen Ziele hat.

Arbeitsziele, Einkommensziele oder gesundheitliche Ziele sind wichtig und nötig und verschaffen kurze Erfolgsgefühle. Aber glücklich machen sie nicht wirklich und selten wirklich dauerhaft. Es sind andere Ziele, die glücklich machen und den richtigen, magentief empfundenen Erfolg bescheren. Leider kennen viele Menschen diese Ziele nicht. Wenn wir auf Seminaren fragen: Wo möchten Sie in zwei bis drei Jahren stehen? Was möchten Sie erreicht haben? dann ernten wir in den meisten Fällen erstaunte Blicke, Schweigen und Grübeln. Wie wollen wir wirklich Erfolg haben, wenn wir nicht mal wissen, was wirklicher Erfolg für uns bedeutet?

Meist sind die uns vorgegebenen Ziele nämlich nicht identisch mit unseren eigenen Werten. Viele Menschen verfolgen innere Werte wie Unabhängigkeit, Freiraum, Kreativität oder Herausforderung. Und was tun sie? Einen Routinejob. Da ist nichts Neues, Überraschendes, Geniales, Kreatives möglich. Man hat zwar Erfolg im Beruf, doch die Freude an der Arbeit fehlt. Weil die Arbeitsziele nicht mit den inneren Werten korrespondieren. Die größte Selbstsabotage, die Sabotage des eigenen Lebensglücks, ist, die falschen Ziele zu verfolgen.

Deshalb lautet der erste Erfolgsimperativ: Finde deine eigenen Ziele! Was sind Ihre inneren Werte, die Ihnen wichtig sind? Was ist Ihnen wirklich wichtig? Wobei finden Sie im Leben und bei der Arbeit die tiefe innere Befriedigung, die für Sie echten Erfolg darstellt? Notieren Sie einfach wild, was Ihnen in den Sinn kommt. Manchmal nützt es auch, wenn man die Werte über die Tätigkeiten identifiziert. Also zum Beispiel: stundenlang an Werkstück feilen, neue Idee designen, controllen ...

Meine Werte: Meine Ziele:

Diese Ziele sind die wahren Power-Ziele. Erreicht man eines von ihnen, macht es Bum! im Herzen. Man spürt förmlich, wie einem der Brustkorb schwillt und wie man fünf Zentimeter größer wird. Das ist der Erfolg, der wirklich zählt. Es ist nicht leicht, diese Power-Ziele herauszufinden, aber es lohnt sich viel mehr als alles andere. Wie sehr, sehen wir an den Kollegen, die es geschafft haben. Der Einkaufsleiter eines Verlages sagt: «Wenn ich nicht meine kleinen Projekte hätte, würde ich hier jeden Abend schreiend rauslaufen.» Er ist ein Mensch, für den Kompetenz alles ist. Doch der Einkauf ist (für ihn!) so normiert und geregelt und statisch, daß es dort viel zu wenig dazuzulernen gibt. Also sammelt er jedes Projekt auf, das die Geschäftsleitung vergibt und das ihm verspricht, was er sucht. Das macht natürlich etwas mehr Arbeit, als sich darüber zu beklagen, daß der Job nichts Neues bringt. Aber es lohnt sich für ihn.

Umgekehrt ergeht es Franka Pantini. Sie ist eine begnadete Detailarbeiterin. Wenn man ihr ein Projekt gibt, kann man sicher sein, daß es hundertprozentig on time, on budget und on target ankommt. Leider ist das nicht ihre Arbeit. Von ihr als Abteilungsleiterin verlangt die Geschäftsleitung, daß sie Konzepte vorlegt, wie die «Lagerhaltung 2000» auszusehen hat oder wie der Auftragsdurchlauf revolutionär gesteigert werden kann. Jahrelang quält sie sich durch den Job. Sie macht ihn gut, sie erntet Anerkennung, aber zufrieden ist sie nicht. Und sie weiß nicht warum: «Macht einfach keinen Spaß. Dieser ständige Druck. Und nichts läuft so, wie es soll.» Das stimmt zwar alles, ist aber nicht das Problem. Das Problem ist: Franka hat die falschen Ziele.

Irgendwann kommt sie dahinter: «Die Arbeit und ich passen nicht zusammen. Ich bin nun mal nicht einer dieser kreativen Chaoten!» Da ihre Arbeit aber Kreativität von ihr verlangt, organisiert sie die Arbeit einfach um. Als die Geschäftsleitung wieder einmal ein geniales Konzept verlangt, ruft sie einfach die «Spinner» unter ihren engsten Mitarbeitern zum Brainstorming zusammen. Das ist zunächst ungewohnt für alle. Doch der Erfolg begeistert. Franka strahlt, weil die Erzkreativen wirklich gute Ideen liefern. Die Mitarbeiter strahlen, weil sie sich einbezogen fühlen, wie nie zuvor.

Nicht immer gelingt diese Reorganisation der eigenen Arbeit entlang der eigenen Werte. Dazu sind manche Jobbeschreibungen zu restriktiv. Manchmal reicht die Reorganisation auch nicht aus. Der Einkaufsleiter zum Beispiel braucht langfristig eine Arbeit, die ihn wirklich fordert. Seit er sich dessen bewußt ist, sucht er in aller Ruhe nach Alternativen inner- und außerhalb seiner Firma. Seine

Frau sieht das mit Unruhe: «Warum willst du diesen sicheren Job aufgeben? Denk doch auch an uns.» Aber sie weiß, daß sie eigentlich nur die Wahl hat zwischen einer hohen finanziellen Sicherheit nebst ständig nörgelndem Gatten und einer finanziell etwas unsicheren Zukunft mit einem Gatten, der glücklich in seinem Job ist. Viele Menschen sind sich dieses Zwiespaltes bewußt. Sie wissen, daß ihr Job eigentlich nicht zu ihnen paßt. Aber sie dulden stumm. Warum, sehen wir in Kapitel 3.

Jammern und Klagen: Babysteps

Es ist beachtlich, wie viele Menschen wissen, was ihnen zum Glück fehlt. «Dieser Job bringt mich noch um. Die Arbeitszeiten, die miese Bezahlung, die doofen Kunden. Ich brauche etwas Neues», sagt Ute – schon seit fünf Jahren. Jedesmal, wenn man Egon trifft, beklagt er sich über seinen Chef. Jedesmal, wenn man Petra begegnet, klagt sie über ihren verständnislosen und oberflächlichen Gatten. Warum verläßt sie ihn denn nicht endlich? Oder bläst ihm wenigstens mal ordentlich den Marsch?

Natürlich gibt es Menschen, die nur wegen des Sekundärgewinns jammern. Wer jammert, muß nichts ändern. Er muß sich keine Ziele setzen, sich nicht engagieren und keine Ziele verfolgen. Er kann bequem bei einer Tasse Mokka sitzen, die Schlechtigkeit der Welt beklagen und Mitleid ernten. Jammern ist sicherer und bequemer als wirklich etwas ändern. Aber es gibt auch Menschen, die ehrlich und wirklich ein Ziel erreichen wollen und es einfach nicht packen. Manchmal kann man da tatsächlich nur noch jammern: «In meinem Alter noch ein neuer Job? Ojeojeoje ...» Ist das wirklich so unmöglich? Nein. Es scheint nur so. Unerreichbare Ziele sind nicht unerreichbar – sie sind nur sabotiert.

Wenn uns ein Ziel übermächtig groß erscheint, erliegen wir meist einer raffinierten Täuschung. Nicht das Ziel ist zu groß, der erste Schritt ist es. Wenn wir beim Anblick eines Ziels denken: «Schaff ich nicht, zu groß, einfach riesig», wenn uns das Ziel wie ein Klotz am Herzen hängt, dann hat es eine Sabotagestrategie zu dieser riesenhaften Dimension aufgeblasen. Mammutziele gibt es nämlich überhaupt nicht. Jedes riesenhafte Oje-Ziel setzt sich aus niedlichen Mini-Zielen zusammen.

Wer sich Monstersteps setzt, stellt sich nicht nur selbst ein Bein. Er macht sich auch sein Leben kaputt. Monstersteps setzen nämlich eine böse Abwärtsspirale in Gang. Man setzt sich einen viel zu großen ersten Schritt. Man schafft ihn nicht. Man sagt sich: «War wohl nichts.» Man setzt sich ein neues Ziel. Wieder geht's schief. Langsam beschleichen einen Zweifel: «Was ist los mit mir?» Wenn man das nur oft genug macht, fährt man sein Selbstbewußtsein völlig in den Keller. Und ohne Selbstbewußtsein wird es noch schwerer, Ziele zu erreichen. Der Höllenkreislauf hat sich eingespielt: zu große Schritte – Mißerfolg – Demotivation – neue Ziele – Mißerfolg – Resignation.

Gott sei Dank funktioniert diese teuflische Rückkopplungsschleife auch in die entgegengesetzte Richtung. Man sieht das schön an den sprichwörtlichen Erfolgstypen. Sie nehmen sich große Ziele vor. Meist größere als normale Zeitgenossen. Doch sie verzweifeln nicht daran, weil sie immer nur den nächsten Schritt sehen. Man kennt ja den Trainerspruch: «Das nächste Spiel ist immer das schwerste.» Ähnlich machen es die alpinen Spitzenfahrer. Alberto Tomba soll gesagt haben: «Du denkst immer drei Tore voraus – wer am Start schon ans Ziel denkt, kommt meist nicht dort an.» Diese geistige Disziplin ist nicht einfach zu halten. Man sieht das große Ziel – und schaudert. Doch gerade im Sport kann man die Konzentration auf Babysteps sehr gut trainieren. Man weigert sich strikt, an das Spielergebnis zu denken. Man denkt immer nur an den nächsten Ball, den nächsten Paß, den nächsten Zug. Wer ans Endergebnis denkt, wird nervös und spielt schlecht, baut sich selbst Druck auf. Wer dagegen nur den nächsten Ball sieht, wird ruhig. Und wer cool bleibt, gewinnt.

Die Methode der Babysteps hat zwei entscheidende Vorteile. Erstens wird das Großziel automatisch erreicht, wenn alle Kleinziele erreicht sind. Zweitens produziert diese Methode Gewinner. Bei jedem Teilerfolg registriert das Unterbewußtsein: «He, ich schaff's ja! Ich bin richtig gut!» Nichts motiviert so sehr wie Erfolg.

Vorausgesetzt, man feiert die Erfolge. Selbstverständlich? Mitnichten. Es gibt viele Menschen, die brüsten sich mit Fehlern: «Habe ich wieder Mist gebaut.» und entschuldigen sich für Erfolge: «Ach, war doch auch Glück. Ist ohnehin nichts Besonderes. Gehört doch zu meiner Aufgabe.» So redet kein Gewinner. Gewinner sind stolz auf das Erreichte. Sie belohnen sich. Ganz bewußt. Leider sagt man gerade Frauen nach, daß sie es im Beruf nicht so weit bringen, weil Männer sich selbst bei kleinsten Erfolgen übertrieben brüsten und Frauen selbst bei großen Erfolgen eher ihr Licht unter den Scheffel stellen. Ob Sie Ihren Erfolg lauthals herumposaunen, ist nicht so wichtig. Viel wichtiger ist, daß Sie Ihrem Unterbewußtsein den Erfolg bestätigen. Denn *das* braucht Ihr Selbstbewußtsein. Gehen Sie bewußt in den inneren Dialog (s. Kapitel 3 und 6). Gratulieren Sie sich. Bestätigen Sie sich den Erfolg: «Gut gemacht. Geht doch. Ziel voll erreicht. Weiter so.» So baut man sich selbst auf. Das hat mit Eigensucht nichts zu tun. Das ist Psycho-Hygiene. So nötig wie Zähneputzen auch. Wer sich nicht selbst lobt, schadet der Gesundheit.

Kann man selbst an Babysteps scheitern? Kann man. Dann ist die Enttäuschung natürlich riesengroß: «Ich habe mir als Ziel gesetzt, wenigstens einmal die Woche zehn Minuten zu joggen – und jetzt schaffe ich noch nicht mal das!» Da schmeißt man dann gerne die Brocken hin und gibt das Großziel auf. Zu Unrecht. Denn es ist erreichbar. Eine Führungskraft klagt: «Seit vier Wochen versuche ich täglich, Meier beizubringen, wie man die Kundendaten korrekt ablegt – der packt's einfach nicht!» Nein, der Vorgesetzte packt's nicht. Wenn ich seit vier Wochen etwas ergebnislos versuche, dann lasse ich mir doch etwas anderes einfallen! Ich kann den Mitarbeiter beispielsweise auf eine Schulung schicken oder zu einem Kollegen, der's kapiert. Es gibt unendlich viele Möglichkeiten, ein Ziel zu erreichen. Wer schon beim ersten Stolperer nicht mehr hochkommt, bringt es nie weit. Lassen Sie sich immer mindestens drei Möglichkeiten einfallen, einen Meilenstein zu erreichen. Denn eine

Möglichkeit ist Zwang, zwei sind ein Dilemma und ab drei beginnt die Auswahl. Das nennt man Flexibilität.

Jedes Ziel hat seinen Preis – wollen Sie ihn bezahlen?

Ein altes Sprichwort sagt: Hüte dich vor deinen Wünschen – sie könnten in Erfüllung gehen! Denn jeder Wunsch hat seinen Preis. Und manchmal kommt der teuer. Karlchen hat endlich sein nächstes Karriereziel erreicht und ist Abteilungsleiter geworden. Dafür bezahlt er jetzt. Die alten Kollegen akzeptieren ihn nicht mehr als einen von ihnen. Einige reden ihn plötzlich per Sie an. Manchem mag das egal sein. Doch Karlchen, der Wert auf gutes Klima legt, fühlt sich unwohl in seinem neuen Job. Er hat plötzlich seinen gesamten Kollegenkreis verloren! Viele Spitzenverkäufer, die «zur Belohnung» zum Regionalleiter befördert werden, sind todunglücklich mit ihrem «Erfolg». Verkaufen war ihr Leben. Jetzt müssen sie verwalten. Sie haben zwar ein gutes Gehalt und Ansehen, würden ihren Job aber gerne wieder für ihren alten eintauschen.

Wir verfehlen oft unserer Ziele, weil wir die Kosten nicht vorab kalkulieren. Wir wollen den nächsten Karrieresprung schaffen und schieben fleißig Überstunden. Aber das ist zu wenig! In diesem Unternehmen wird nur ins Mittelmanagement befördert, wer zwei oder drei Projekte leitete. Also nützen uns die ganzen Überstunden nichts. Der Preis ist höher. Jedes Ziel hat seinen Preis. Welchen? Was ist der tatsächliche Gesamtpreis? Solange wir den Preis nicht exakt kennen, können wir überhaupt nichts über das Ziel aussagen. Sobald wir aber den Preis kennen, können wir sehr gut vorhersagen, ob wir das Ziel erreichen werden. Denn wir wissen, was wir investieren müssen. Zu trauriger Berühmtheit hat es der Ausspruch eines Büromenschen gebracht, der für sein Leben gern fünf Kilo abgenommen hätte. Seine Kollegen rieten ihm jedesmal, wenn er über sein Gewicht jammerte: «Lauf, fahr Rad, geh schwimmen!» Worauf er antwortete: «Ich will nicht laufen oder schwimmen. Ich will abnehmen!» Er hatte ein Ziel. Aber er wollte die Kosten nicht

Die Erfolgsleiter

1.
Achten Sie
auf begehbare Stufen
zum Erfolg!

2.
Die einzelnen Stufen
sollten Ihrer Schrittgrösse
entsprechen!

3.
Belohnen Sie sich
nach Erreichung
eines strategischen
Meilensteins!

Zielrahmen

Situationspassung/Kontext

Wann ja? Wann nein? Wo ja? Wo nein?
(Abbruchkriterien)

Umweltkompatibilität/Ökologie

Sind alle Auswirkungen positiv für die Umwelt
und kontrolliert?

Sekundärgewinn

Was müssen Sie dafür aufgeben,
und wieviel substituieren Sie?

Preis

Ist der Gewinn höher als der Preis?
Wollen Sie ihn bezahlen?

tragen. Deshalb ist es besser, man fragt sich bereits bei der Zielformulierung:

- Was kostet mich das an Zeit, Ausdauer, Hartnäckigkeit, Durchhaltevermögen, Hilfe von außen, Anstrengung und Geld?
- Was entgeht mir dadurch (Opportunitätskosten)?
- Wo liegen versteckte Nebenkosten?
- Wenn ich das alles zusammenzähle: Ist dann G > K? Ist der Gewinn noch größer als die Kosten? Lohnt sich das überhaupt?
- Möchte ich die Kosten tatsächlich tragen? Kann ich sie mir leisten?

Es ist seltsam, aber wer die Kosten eines Zieles sieht, fühlt sich plötzlich motivierter als vorher. Kosten können dem Leben Sinn und Orientierung geben «Vor zwei Wochen hat mich die angedrohte Umsatzsteigerung um 25 Prozent zu Tode erschreckt», sagt ein Verkäufer. «Seit ich weiß, daß ich dafür in den nächsten sechs Monaten zwei Kundenkontakte pro Tag mehr brauche, bin ich beruhigt. Ich weiß, was ich tun muß und daß ich es tun kann.» Wer die Kosten sieht, bekommt vielleicht zum ersten Mal ein Gefühl dafür, daß das Ziel tatsächlich erreichbar ist! Oder er sieht, daß die Kosten viel zu hoch sind. Und daß man das Ziel zu viel geringeren Kosten auch erreichen kann. Wieso ein Häusle bauen, wenn es derzeit so viele Neubauten gibt, die wegen Finanzengpässen abgestoßen werden? Viele Traumziele, die einen ein Leben lang gereizt haben und deren Nichterreichen einen schon beinahe traumatisch verfolgt – die Jacht im Mittelmeer, das Häuslein im Tessin, der überragende gesellschaftliche Erfolg –, werden außerdem sehr schnell unattraktiv, sobald man mal scharf kalkuliert. Und plötzlich quälen sie einen nicht länger!

… außer man tut es: Take action!

Träume sind eine schöne Sache. Aber sie werden nicht wahr, nicht einfach nur so. Es gibt einen interessanten Sprachunterschied. Im

Deutschen heißt es: Sein Traum wurde wahr. Der Amerikaner, der immer ein bißchen klüger ist, was Motivation anbelangt, sagt: He made his dreams come true – er ließ seine Träume wahr werden. Der Unterschied zwischen beiden Sprachfiguren heißt Handeln.

Es gibt eine klare Korrelation zwischen Tatkraft und Erfolg. Je mehr man tut, desto eher erreicht man sein Ziel. Was man tut, nicht was man weiß, ist Maßstab des Erfolgs. Probieren geht über Studieren. So einfach kann es sein, Erfolg zu haben. Erfolgsmenschen stehen früher und öfter vom Sofa auf. Während Durchschnittsmenschen nach einem Rückschlag an Aufgeben denken, denkt der Erfolgsmensch bereits an den nächsten Versuch. Während wir Zögerer noch nach dem besten Mittel suchen, setzt der Erfolgsmensch bereits das naheliegende ein und erkennt so viel schneller, welches besser ist.

Warum zögern wir dann den nächsten Versuch immer wieder hinaus? Weil die Saboteure in unserem Kopf Reigen tanzen. Wir denken:

- Das renkt sich irgendwie schon von alleine wieder ein (die sogenannte unbestimmte Heilserwartung).
- An Weihnachten kümmere ich mich darum, da habe ich Zeit (Procrastination sagen die Amerikaner: auf die lange Bank damit).
- Ich kauf mir ein Buch, damit schaffe ich's dann (die bestimmte Heilserwartung: Buch, Trainer, Partner, rette mich!).
- Naja, so schlimm ist das alles nicht. Da besteht noch kein akuter Handlungsbedarf.

Besonders Raucher und andere Menschen mit schädlichen Lastern leiden unter diesem letzten Zielkiller, den der Nationalökonom Pigou Defective Telescopic Faculty nannte: Was in zehn Jahren ist, juckt heute keinen sonderlich. Selbst Krebs, die Raucherlunge oder ein amputiertes Bein erscheinen durch den endlos langen Zeittunnel gesehen unendlich klein. Take action? Heute noch nicht. Empowerment der Mitarbeiter? Mehr Marktorientierung? Radikale

Beschleunigung der Auftragsdurchlaufzeiten? Ach was, das läuft doch auch so nicht schlecht.

Außerdem dürfen wir nicht vergessen, daß Ziele Angst machen. Natürlich geht mir mein Partner auf den Keks – aber wer weiß, ob ein besserer nachkommt? Natürlich halte ich es mit diesem Chef keine Minute länger aus! Aber wer weiß, ob's im neuen Job nicht viel schlimmer kommt? Natürlich ist unser Auftragsdurchlauf arthritisch. Aber durch das Chaos bei einer Reorganisation wird das doch nur schlimmer! Man nennt dieses Dilemma auch die Hasenfuß-Ungleichung: Ein gewohntes Übel erscheint attraktiver als eine ungewohnte Wohltat. Wir leiden lieber unter dem Bekannten, als vom Unbekannten zu profitieren. Wir ziehen den sicheren Schmerz der unsicheren Wohltat vor.

Vor allem, da die Wohltat ja noch nicht mal eine ist. Am Anfang macht die Zielverfolgung selten Spaß. Was soll daran lustig sein, auf die gewohnte Zigarette zu verzichten? Ist ein Schweißausbruch nach 100 Metern Joggen lustig? Dem Chef endlich mit zum Knoten verkrampften Magen konstruktives Feedback geben – wo bleibt da der Kick? Seien wir ehrlich: Ziele sind eine Qual. Wir würden ja gerne unser Leben ändern – aber zu diesen Kosten? Da behalte ich doch lieber meinen alten Job, meinen Partner, meine jetzige Verkaufstechnik, mein Führungsverhalten, meine Arbeitsorganisation, meine Kommunikationspathologien ... Da weiß ich wenigstens, was ich hab!

Wann immer Sie ein Ziel nicht so zügig und entschlossen anpacken, wie das eigentlich angeraten wäre, sitzen Sie einer Ungleichung auf: K > G. Die Kosten scheinen größer als der Gewinn. Wobei Unsicherheit auch eine Kostenart ist. Deshalb gibt es im monetären Bereich den Zins. Er ist eine Kostenerstattung für Unsicherheit. Wenn Sie also Probleme haben, überhaupt erst vom Sofa aufzustehen oder nach einem Rückschlag wieder vom Sofa hochzukommen – machen Sie sich keine Vorwürfe. Schelten Sie sich nicht antriebsfaul oder entscheidungsschwach. Arbeiten Sie lieber an der Ungleichung. Und zwar an beiden Seiten.

Erst einmal müssen die Kosten runter. Jeden Morgen fünf Kilometer Joggen? Schaffe ich nicht. Kein Wunder, ist auch viel zu teuer! Wie wär's mit fünf Minuten Walking für den Anfang? Merke: Babysteps sind wunderbare Kostenreduzierer. Es ist immer einfacher und bequemer, nichts zu ändern und so weiterzumachen wie bisher. Deshalb sind Babysteps so wichtig: Sie erleichtern uns die Veränderung. Mit 50 noch 'nen neuen Job? Jesusmariaundjosef. Wie wär's damit: Jede Woche zwei Bewerbungen schreiben und jeden Monat mindestens ein Interview ergattern? Da wird das Ganze doch schon weniger unangenehm. Außerdem passen sich auf diese Weise die Anforderungen dem Leistungsniveau an. Wann immer Sie vor Take action Hemmung verspüren, resignieren Sie nicht, versuchen Sie auch nicht, den inneren Schweinehund zu überwinden, sondern senken Sie die Kosten.

Dann steigern Sie den Gewinn. Doch, doch, das geht. Wer konsequent die Kosten drückt und eisern ein Belohnungsprogramm fährt, hat keine Angst vor keinem Ziel. Bislang unerreichbare Ziele werden plötzlich erreichbar. Und man hat sogar Spaß dabei! Denn Erfolg, selbst bei kleinsten Schritten, macht Lust auf mehr. Wer sieht, daß er hier und heute bereits einen Achtungserfolg erzielen kann, schiebt sein Vorhaben nicht auf die lange Bank. Der wartet nicht, daß sich das von alleine wieder einrenkt, denn er will hier und heute The sweet smell of success schnuppern. Wobei die Gewinnseite der Ungleichung oft schwieriger zu handhaben ist als die Kostenseite. Sich Babysteps auszudenken geht ja noch. Aber sich selbst belohnen? Da sträuben sich viele dagegen.

Wir sind es gewohnt, daß andere uns belohnen. Wir haben verlernt, es selbst zu tun. Kinder können in einem gewissen Alter noch selbstverloren im Sandkasten spielen und selig lächeln, wenn ihnen ein besonders schöner Turm gelingt. Aber plötzlich verschwindet diese Fähigkeit: «Mammi, guck mal, guck schon endlich!» Sich selbst zu belohnen kann harte Arbeit sein. Recht nützlich ist dafür ein Erfolgstagebuch. Wenn man sich zwingt, jeden Tag jeden Erfolg auf dem Zielweg zu notieren, entdeckt man plötzlich, wieviel Erfolg man eigentlich erringt und wie viele Erfolgserlebnisse man

früher unterschlagen hätte. Gerade in Unternehmen ist diese Belohnungspathologie die Ursache für das Scheitern der meisten Veränderungsprojekte und Reorganisationen. Erstens wird von Mitarbeitern und Managern verlangt, daß sie das Großziel in Null Komma nichts erreichen. Babysteps? Gibt es nicht. Dann wird jeder kleine Erfolg systematisch entwertet: «Jaja, ganz nett, aber am Ende muß viel mehr rauskommen.» Kein Wunder, daß die Mitarbeiter irgendwann die Lust verlieren und Dienst nach Vorschrift machen. Darüber wundern sich dann die Topmanager: «Die Leute tragen den Wandel einfach nicht mit!»

Unternehmen, die dem Mitbewerber um einige Nasenlängen voraus sind, haben dagegen eine Kultur des Erfolgs. Sie belohnen Erfolg, wo immer er auftritt. Erfolg begeistert – aber nur, wenn er gewürdigt wird. Also feiern wir ihn! Belohnen wir den besten Verkäufer, den Mitarbeiter der Woche, den schnellsten Projektleiter ... und frustrieren damit 99 andere Verkäufer, 499 Mitarbeiter und 49 andere Projektleiter. Wir müssen erst noch lernen, wie man Erfolge feiert.

In einigen US-Unternehmen gilt bereits die Maxime: Wo es Verlierer gibt, ist kein Erfolg. Dort wird nicht belohnt, wer besser ist, sondern wer Erfolg hat. Das setzt natürlich eine völlig andere Führungsmethodik voraus. Wenn ich einen Mitarbeiter anerkennen will, der eben zum ersten Mal nicht die Messe-Killer-Frage stellte «Kann ich Ihnen helfen?» (99-Prozent-Antwort: «Nein, ich schaue mich nur um»), muß ich überhaupt erst mitbekommen, daß er die richtige Eröffnungsfrage gestellt hat. Und viele Führungskräfte sind so weit von ihren Mitarbeitern entfernt, daß sie deren Erfolge nicht mehr erkennen, geschweige denn anerkennen können.

Nach der Lektüre dieses Kapitels werden sich einige nachdenklich das Kinn streichen. Man braucht für den Erfolg nicht nur smart formulierte Ziele, sie müssen auch noch zu Umwelt und Situation passen, müssen rentabel (G > K) sein, den Sekundärgewinn sicherstellen und in Babysteps zergliedert sein. Das macht zwar etwas Arbeit – immer weniger als man gemeinhin annimmt, eher Minuten als Stunden –, aber danach erst entwickeln Ziele das, was die Erfolgstrainer von ihnen behaupten:

- Sie motivieren uns. Sie geben uns Kraft.
- Sie geben uns Orientierung. Egal, ob wir vorwärts kommen oder zurückgeworfen werden, wir wissen immer ganz genau, was dies für das Endziel heißt.
- Sie geben uns Sinn. Ziele geben uns die Kraft zum Losmarschieren und die Richtung, in die wir gehen müssen.

Dazu noch eine kleine Geschichte. Eine US-Studie untersuchte Anfang der siebziger Jahre, welche beruflichen Ziele Hochschulabsolventen mit Berufsrichtung Management hatten. Nur drei Prozent der Befragten hatten ihre Ziele schriftlich festgehalten. Zwanzig Jahre später ergab eine Nachfolgestudie, daß diese drei Prozent Absolventen mehr Geld verdienten als die restlichen 97 Prozent ihrer Kolleginnen und Kollegen zusammen! Das ist die Kraft sauber formulierter Ziele.

Zielrahmen

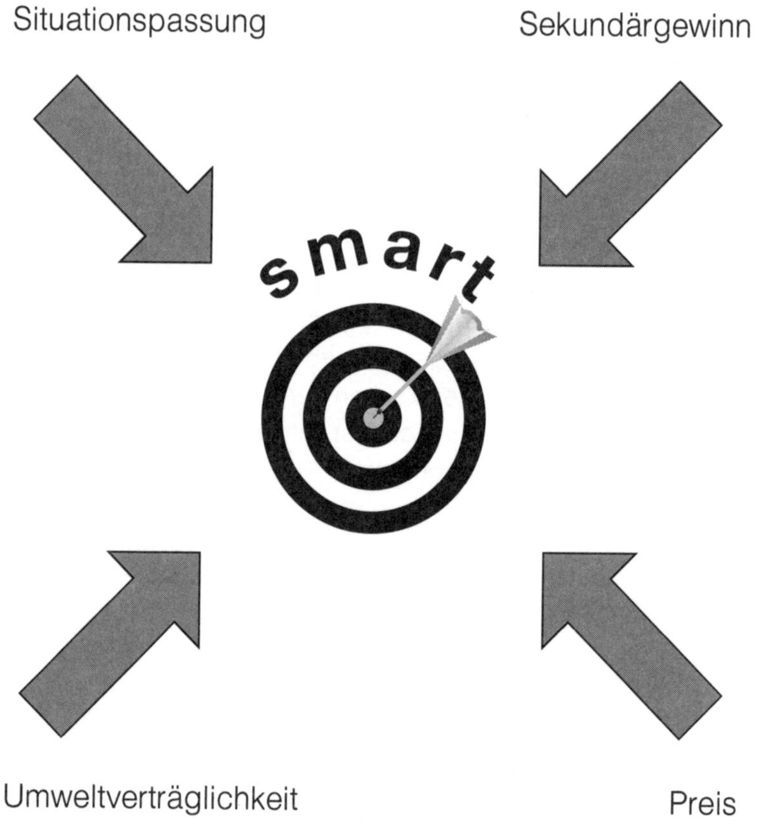
Situationspassung
Sekundärgewinn
smart
Umweltverträglichkeit
Preis

«Einstellungen sind wichtiger als Tatsachen.»
Dr. Karl Menninger

«Wir haben zwar alle einen Kopf, doch die wenigsten haben gelernt, ihn zum eigenen Wohle zu benutzen.»
Des'ree

3 Der kleine Mann im Ohr

Einstellungen entscheiden

Erfolg ist Einstellungssache. Der Sport ist der beste Beweis dafür, wenn zum Beispiel die Nummer 111 der Tennis-Weltrangliste die Nummer 7 vom Platz fegt. Boris Becker sagte einmal nach einer solchen Niederlage: «Er war heute mental einfach stärker.» Ein schöner Hinweis, doch wie schafft man es, einen Gegner durch bloße Willenskraft zu besiegen?

Um die Antwort zu finden, braucht man nur den DFB-Fußballpokal zu verfolgen. Da schlagen jedes Jahr unterbezahlte Halbamateure aus drittklassigen Ligen hochdotierte Profis der ersten Bundesliga. Wie kann das angehen? Eigentlich ist das doch unmöglich! Aber eben: Einstellungen entscheiden. Die Amateure «kämpfen bis zum Umfallen», spielen «wie entfesselt», «lassen sich von großen Namen nicht beeindrucken». Man kann selbst dann, wenn die Chancen 10:1 gegen einen stehen, noch gewinnen. Man kann noch mit 50 einen neuen Job angeln, als Arbeiterkind in die Chefetage aufsteigen oder als Frau Karriere machen – wenn es im Kopf stimmt. Doch was genau heißt das? Wie sieht es im Kopf von Gewinnern aus?

Um in die Köpfe von Gewinnern zu schauen, braucht man nicht in ihre Köpfe zu schauen. Die berühmten «Geheimnisse des Erfolgs» posaunt jeder bessere Oberligatrainer bei der Pressekonferenz in alle Welt hinaus, wenn er zum Beispiel gegen einen

übermächtigen Bundesligagegner antreten muß: «Wir haben nichts zu verlieren. Wir können nur gewinnen. So oder so.» Kein Wunder spielen seine Mannen wie entfesselt – jeglicher Erfolgsdruck ist von ihnen genommen. Welches Band läuft dagegen in unserem Kopf, wenn wir vor einer Herausforderung stehen? «Das wird schwierig.» «Wie schaffe ich das bloß!» «Mit diesem Produkt ist kein Blumentopf zu gewinnen.» Und im Magen wird es flau. Wir schieben die Schuld zwar gerne auf den Gegner, das Produkt, die Umstände, den Rasen, den Schläger, den Chef, den bösen Kollegen oder die Konjunktur. Aber in Wirklichkeit stimmt es im eigenen Kopf nicht.

Unser Kopf ist voll von Stimmen. Immer und zu jeder Zeit. Man nennt sie den inneren Dialog. Meist ist es ein Monolog. Dieser Monolog läßt sich genauso wenig unterbinden wie das Atmen. Und er hat zwei genauso weitreichende Eigenschaften:

- Was wir denken, lenkt unser Verhalten.
- Was wir denken, ist nicht die Wahrheit.

Wir stehen vor einer wichtigen Präsentation, einem Kundentermin, einem prekären Projekt, dem Gespräch mit dem Chef oder einem Vorstellungsgespräch. Was läuft im Kopf ab? «Ich bin nicht der geborene Redner.» «Der Kunde ist schwierig.» Das Unheil nimmt seinen Lauf. Weil wir ohnehin nichts Gutes erwarten, treten wir verkrampft auf. Unser Gegenüber merkt diese Verkrampfung und reagiert negativ. Wenn wir locker sind, sind wir geistreich und überzeugend. Verkrampft haben wir wenig Erfolg. Nicht weil der Kunde schwierig oder der Chef rechthaberisch wäre (die Tatsachen), sondern weil wir mit angezogener Handbremse reden und handeln (die Einstellung). Was wir dachten, bestimmte unser Handeln, weniger die platten Fakten. Deshalb sagt man auch, daß die Motivation entscheidet. Motivation ist wichtiger als Tatsachen.

Was wir denken, steuert unser Verhalten. Doch was wir denken, ist nicht richtig, wirklich oder wahr. Das Glas ist halb leer? Nein, es ist halb voll. Was ist nun richtig? Beides, aber darauf kommt es nicht an. Es kommt darauf an, was die Gedanken für Folgen haben. Ein Beispiel: Ein Schuhfabrikant geht nach Afrika, um die Marktchancen für Sandalen zu ergründen. Enttäuscht kommt er heim: «Keine Chance – die brauchen keine Schuhe, die laufen alle barfuß rum.» Sein Mitbewerber war ebenfalls unten und kommt begeistert zurück: «Phantastische Marktchancen – die brauchen alle Schuhe, die laufen alle barfuß rum!» Was ist richtig? Niemand weiß es. Was wir wissen, ist jedoch: Was der kleine Mann im Ohr dem ersten Fabrikanten einflüstert, führt zum Nichtstun. Was der kleine Mann dem zweiten einflüstert, führt zum Handeln. Und Erfolg kommt nur durch Handeln (s. Take action in Kapitel 2).

Was wir denken, ist weder richtig noch falsch. Aber es bestimmt unser Handeln. Manchmal so sehr, daß es sich selbst erfüllt. Wer vor einem Kundengespräch denkt: «Oje, das wird nichts», verhält sich so verkrampft, daß er wenig überzeugend wirkt und das Gespräch tatsächlich nicht gut läuft. Hätte er gedacht: «Da haben wir schon ganz andere Sachen geschaukelt», wäre er so locker aufgetreten, daß er viel glaubwürdiger gewirkt und den Kunden überzeugt hätte. In beiden Fällen tritt das ein, was wir gedacht haben. Man spricht deshalb von einer sich selbst erfüllenden Prophezeiung, der Selffulfilling Prophecy. Das ist die Macht der Gedanken.

Glück ist Gewohnheitssache

Daß Gedanken die Welt erschaffen, wissen wir, theoretisch. In der Praxis sieht das anders aus. Stellen Sie sich vor, Sie sitzen an einem herrlich heißen Julitag in der Gartenwirtschaft, die Sonne strahlt, urplötzlich kommen Wolken auf, und es fallen die ersten Regentropfen. Was fällt Ihnen spontan dazu ein?

«Oje, jetzt verregnet es mir den schönen Tag.»

«Toll, ein Gewitterregen. Das erfrischt, in zehn Minuten scheint wieder die Sonne und die Straßen dampfen.»

Viele glauben wirklich, daß uns der Tag jetzt im Sinne des Wortes verregnet ist. Doch das ist nicht wahr. Das ist keine Tatsache. Daß es regnet, ist eine Tatsache. Daß das «blöd» oder «schön» ist, ist ein Gedanke oder ein Gefühl. Mit welchem Gefühl oder Gedanken wir auf die Tatsache Regen reagieren, liegt nicht an der Tatsache, sondern an unserer Einstellung. Der eine Biergartenbesucher zieht eine Schnute, der andere sieht das Positive an der Sache. «Der eine ist halt Optimist, der andere Pessimist», könnte man jetzt sagen. Aber so stimmt das nicht.

Niemand wurde als Pessimist geboren. Pessimismus fällt nicht vom Himmel. Er ist nicht genetisch bedingt – obwohl viele das glauben: «Kann man nix machen, bin halt so.» Falsch. Pessimismus ist nicht angeboren, er ist erworben. Wir erlernen diese Denkhaltung in der Kindheit. Genauso, wie andere Optimismus lernen. Sozialforscher fanden heraus, daß Kinder von mutigen, handlungsorientierten Eltern meist auch mutig und aktiv sind. Sie haben das so gelernt. Schwarzsehen ist also kein Schicksal, sondern eine Gewohnheit. Deshalb sagen gute Freunde auch: «Nun sieh das mal nicht so eng!» Und wir sagen es uns selbst. Aber irgendwie funktioniert das nicht. Silvia sagt: «Ich will ja positiv denken. Aber die schwarzen Gedanken schleichen sich immer wieder ein. Ich bin eben kein Optimist.» Manche fühlen sich körperlich unwohl, wenn sie versuchen, positiv zu denken: «Das paßt nicht zu mir. Irgendwie bin ich das nicht.» Und das stimmt. Machen wir dazu ein kleines Experiment.

Kreuzen Sie einfach mal die Unterarme vor der Brust. Lösen Sie die Unterarme. Verschränken Sie die Arme nochmals. Und noch einmal. Ein Unterarm liegt über dem anderen. Welcher? Bei manchen ist es der linke, bei manchen der rechte. Aber es ist *immer* ein und derselbe. Gewohnheit eben. Und jetzt versuchen Sie das genau umgekehrt. Der untere Unterarm liegt jetzt oben. Und die Hände liegen genau spiegelverkehrt zur ersten Ausführung. Überrascht?

Die meisten Menschen brauchen für diese einfache Übung drei oder vier Anläufe, bis alle Arme und Hände sortiert sind. Und sie sagen alle: «Huch, was für ein seltsames Gefühl. Fühlt sich irgendwie fremd an.» Fühlt sich genauso fremd an, wie optimistisch zu denken. Obwohl es nur eine dumme Gewohnheit ist, reagieren wir auf eine Abweichung von der Gewohnheit mit Befremden und Zurückweisung. Das ist die entscheidende (Fehl-)Konstruktion in unserer Denksoftware: Das menschliche Gehirn ist so programmiert, daß es Gewohnheiten für *richtig* hält.

Der Mensch ist ein Gewohnheitstier. Alles, was von der Gewohnheit abweicht, wird instinktiv als falsch beurteilt. Deshalb ist vielen Menschen Optimismus so fremd. Je stärker Ihre Eigensabotage-Gewohnheiten sind, desto seltsamer werden Ihnen die folgenden Gegenstrategien vorkommen, den inneren Skeptiker, den inneren Kritiker und den inneren Meckerer abzustellen. Aber mit jedem Babystep, den Sie bei diesem Trainingsprogramm erfolgreich absolvieren, werden Sie bemerken: Erfolgreich denken ist nicht seltsam. Es ist nur eine Gewohnheit, die man sich wie jede andere

Gewohnheit auch aneignen kann. So, wie wir gelernt haben, uns gedanklich herabzuziehen, genau so können wir uns auch selbst aufbauen. Wenn Menschen haufenweise Erfolgsbücher im Regal liegen haben und es trotzdem nicht schaffen, erfolgreich zu denken, liegt es oft daran, daß sie zwar wissen, wie Erfolgsdenke funktioniert, sie aber nie zu einer neuen Gewohnheit aufbauen können. Sobald Ihnen das gelingt, werden Sie merken, daß erfolgreich denken ganz von alleine funktioniert. Es wurde Ihnen zur Gewohnheit.

Der innere Skeptiker

Als man den überraschenden Tennis-Champ eines Hamburger Nobel-Tennis-Clubs fragte, wie es ihm gelungen sei, den jahrelangen Abonnementsmeister zu schlagen, sagte er: «Ich wußte, ich kann ihn packen, wenn ich ihn an der Grundlinie halte.» Dieses Band lief in seinem Kopf. Sein Kopf sagte «Grundlinie», und sein Arm schlug Grundlinienbälle. Was dachte der Halbfinalgegner, den der Champ vom Platz fegte? «Oje, nicht gegen den Champ!» Und was machte sein Arm? Was er wollte. Erfolg beginnt im Kopf. Was haben wir im Kopf, wenn wir vor einer großen Herausforderung stehen? Sprüche wie:

«Eine harte Nuß.»
«Ich schaffe das nicht.»
«Was, wenn das schiefgeht?»
«Das hat doch keine Aussichten.»
«Ich kriege das nicht auf die Reihe.»

Was reden wir da? Wir reden uns um Kopf und Kragen. Wir reden uns ein, daß unser Vorhaben schwierig wird. Also wird es schwierig – dafür sorgt die Selffulfilling Prophecy. Wenn man sich nur oft genug vorsagt, daß es schwer wird, wird es sicher schwer – auf jeden Fall schwerer, als es ohnehin ist. Diese Sprüche werden von Gefühlen begleitet: Frust, Unsicherheit, Erfolgsdruck, Zweifel, Angst, Hilflosigkeit, Panik. Wir sind vor Angst «wie gelähmt», von «Selbstzweifeln angefressen», vom Erfolgsdruck blockiert, durch

Unsicherheit gehemmt. Jedenfalls nicht beflügelt, befreit und unbefangen. Sieger denken und fühlen anders!

Warum graben wir uns mit negativen Selffulfilling Prophecies selbst ständig Gruben? Wünschen wir uns Mißerfolg? Nein, wir sind es nur gewohnt, negativ zu denken. Wir wurden so erzogen. «Sei vorsichtig! Paß auf! Diese Regierung! Alles wird schlechter!» Daher ist es einfacher, risikoloser, bequemer und vor allem viel vertrauter, erst mal das Schlimmste anzunehmen. Wenn diese Verliererdenke aber nur anerzogen und antrainiert ist, dann können wir sie jetzt genauso gut wieder verlernen.

1. Horch, was kommt von draußen rein? Die inneren Stimmen bringen Erfolg oder Mißerfolg. Ganz einfach, nicht? Einfach, vielleicht, aber bestimmt nicht leicht. Denn viele Menschen hören noch nicht einmal diese inneren Stimmen, die über unseren Erfolg, unsere Gefühle und unser Leben entscheiden. Sie sagen: «Welche inneren Stimmen? Ich habe keine inneren Stimmen.» Das ist ein Problem des Blinden Flecks. Viele von Ihnen werden die Übung aus dem Autogenen Training kennen, bei der man sich suggeriert «Mein Herz schlägt ganz ruuuhig.» Doch pro AT-Kurs sagen regelmäßig drei oder vier Teilnehmer: «Herzschlag? Ich spüre keinen Herzschlag!» Übrigens lautet der Standardwitz darauf: «Kein Herzschlag? Dann sind Sie tot!» Trotzdem ist der Herzschlag da. Man kann seine Wahrnehmung so weit schärfen, daß man ihn wieder bemerkt.

Ähnlich ist es mit den inneren Stimmen. Man hört sie nicht immer, aber sie sind immer da. Die inneren Stimmen wirken halbbewußt oder unterbewußt. Doch vieles, was unterbewußt ist, kann man ins Bewußtsein hochholen. Es ist wie mit einem Brunnen: unten ist das Wasser. Man braucht eine Eimerleine. Die einfachste Eimerleine ist Ruhe. Wenn Sie das Radio ausmachen, die Kinder aus dem Haus schicken, das Telefon abstellen, sich in den stillsten Raum des Hauses zurückziehen, auch alle körperlichen Reize ausschalten, indem Sie sich ganz ruhig hinsetzen – dann kommen die Stimmen. Aber mit Macht. Deshalb gibt es auch Menschen, die kein

Autogenes Training machen können. Sobald sie sich hinlegen, bekommen sie panische Angst, die Kontrolle zu verlieren. Weil jetzt die Stimmen über sie hereinbrechen: «Hast du das Gas ausgemacht? Wo sind die Kinder? Du liegst hier rum, und nebenan wartet die Arbeit auf dich!» Manchmal sind diese Gedanken vermischt mit Gefühlen: Hmh, eigentlich sollte ich, ich müßte doch, ich darf nicht hier sein, das fühlt sich irgendwie falsch an, das darf ich mir nicht leisten, was tu ich nur hier? Jetzt sind die inneren Stimmen plötzlich da.

Haben Sie keine Angst. Sie sind der Skipper auf diesem Törn. Wenn Ihnen die inneren Stimmen zu laut werden, wenn die Gefühle zu unangenehm sind – stehen Sie einfach auf, und machen Sie, was Sie immer machen. Das wirkt. Schließlich lenken Sie sich so täglich von den inneren Stimmen ab: machen, tun, schaffen. Wenn Sie sich etwas an den inneren Ansturm gewöhnt haben, wagen Sie den nächsten Schritt.

2. Hör mal, wer da spricht. Eigentlich ist das eine Frechheit. Mein Kopf gehört mir! Was haben diese Stimmen darin zu suchen? Wir wollen diesen ungebetenen Gästen auf die Finger schauen. Betrachten Sie sich die Gedanken mal genauer. Vielleicht schreiben Sie die wildesten und heftigsten oder störendsten einfach auf. Das macht das Abstrakte greifbar und begreifbar. Was genau sagen die Stimmen im Kopf? Ah, schon nimmt ihre Wirkung ab. Sobald man das Geheimnisvolle beschreibt, verliert es einen Teil des Mystischen. Woher kommen diese Stimmen? Wer spricht da eigentlich?

«Du mußt noch den Bericht formatieren.» Wenn das nicht Papa ist, der da zu mir spricht ...

«Häng hier nicht faul rum!» Das ist vom Tonfall her ganz klar mein Bundeswehr-Ausbilder.

«Wie kannst du ruhig dasitzen, wenn es im Büro derart wüst aussieht?» So hat Großtante Hanna immer gemäkelt.

Wir denken, wir leben unser Leben. Aber tatsächlich leben es die inneren Stimmen für uns. Wenn Ihnen zu vier von fünf Vorschlägen sofort die Gründe einfallen, weshalb das nicht funktioniert, sollten Sie mißtrauisch sein. Das ist nicht gesunde Vorsicht, das riecht nach Tonband im Kopf. Wenn Sie auf jede kleine Verschlechterung bei Gesundheit, Arbeit, Konjunktur, Privatleben gleich mit «Das wird nix mehr! Das wird nimmer besser» reagieren, sollten Sie nachschauen, woher diese Einflüsterung kommt. Die Aha-Erlebnisse sind dabei oft dramatisch.

Jetzt ist auch klar, weshalb die inneren Stimmen nicht die Wahrheit sagen. Sie interessieren sich gar nicht dafür. Sie sind nur das Echo vergangener Tage. Was wir denken, ist nicht wahr, wir haben es nur so gelernt. Wir haben gelernt, daß man auf einen kleinen Regen total frustriert reagiert und machen das einfach unüberlegt nach. Weil wir es zu einer Zeit gelernt haben, als wir noch nicht logisch denken konnten. Ab sechs Monaten aufwärts. Man sagte ständig zu uns «Vorsicht! Heiß! Kalt! Das nicht! Dies nicht! Paß auf!» und wir lernten dabei: Man darf nicht zu viel riskieren. Das Leben ist gefährlich. An jeder Ecke lauert das Risiko. Chancen sind Bedrohungen. Bestimmte Aufgaben sind zu groß für mich. Hör erst auf andere. Mach nicht, was man nicht macht. Und so weiter.

Ständig hörten wir diese Einschärfungen, und durch die ständige Wiederholung haben wir sie irgendwann selbst übernommen, verinnerlicht. Wir begannen, sie selbst anzuwenden. Wenn uns der Chef jetzt ein tolles Projekt mit Karrieregarantie vorschlägt, reagieren wir erst mal skeptisch. «Vorsicht! Gefahr!» Der Chef ist sauer. «Wenn Sie hier nur den Pessimisten spielen, kriegt Meier das Projekt.» Wir denken noch «Gott sei Dank, Gefahr gebannt.» Und prompt wird Meier sechs Monate später befördert.

Wenn Sie mit einer Herausforderung konfrontiert werden – was denken Sie spontan? Toll, gut, denen zeig ich's, da liefere ich ein Meisterstück ab. Oder: Oje, wird hart, geht doch gar nicht, wird wieder so eine Hängepartie. Spüren Sie diesen Stimmen nach. Woher kennen Sie den Tonfall (nicht den Wortlaut)? Wer hat ähnlich zu Ihnen gesprochen? Woran erinnert Sie dieses Gefühl bei diesen Worten? Vielleicht sagte Papa früher oft: «Laß, biste noch zu klein dafür.» Was wir uns merkten, war: «Zu klein, schaff ich noch nicht.»

Und was denken wir heute, wenn ein ähnlich großes Projekt ansteht? Wir denken au-to-ma-tisch «Schaff ich nicht». Mama sagte oft: «Überlaß das Denken den Pferden, die haben größere Köpfe.» Also überließen wir Mama das Denken. Doch damals waren wir noch klein! Was damals gesagt wurde, gilt heute nicht mehr! Die inneren Stimmen verlieren schlagartig an Macht, sobald Sie sich klar werden,

- woher sie kommen,
- daß sie nicht die Wahrheit sagen,
- daß es lediglich eine erlernte Reaktion ist.

Also kippen wir sie aus dem Kopf!

3. Machen Sie Müllabfuhr! Wann immer Sie sich unter Druck, gestreßt, unsicher oder überfordert fühlen, können Sie sicher sein, daß eine innere Stimme Ihnen einflüstert. Zweifel sind keine Tatsachen, sondern verdeckte innere Stimmen. «Wird das was?» «Wenn das mal gutgeht!» «Bei so hoher Arbeitslosigkeit haben die Leute kein Geld dafür.» «Der Chef wird sowieso dagegen sein.» Alles verlogen, nur Geflüster. Wenn wir mit dieser Einstellung an eine Sache herangehen, sinkt die Erfolgswahrscheinlichkeit automatisch. Wer so denkt, macht es sich schwerer, als es ist. Wie stoppt man das Tonband?

Das US-Rezept lautet: «Du schaffst es (Baby)!» Dieser Satz ist der am häufigsten gesprochene in Action- und Desasterfilmen. Wenn die Heldin im Verließ festsitzt, nur ein dünnes Seil nach oben führt, sie verzweifelnd die Augen verdreht und lautstark bezweifelt, ob sie da jemals hochkommt, sagt der Held im Brustton der Überzeugung zu ihr: «Du schaffst es, Baby!» Und sie schafft es. Leider ist die Realität nicht so einfach, wie es sich das Drehbuchschreiber ausdenken. Was passiert nämlich, wenn wir uns vor einer großen Aufgabe einreden «Du schaffst das schon»? Es funktioniert nicht.

Wir glauben den flotten Spruch einfach nicht. Man pfeift zwar im dunklen Wald, doch innerlich zittert man weiter. Der Sprung von «Oje» zu «Schaff ich!» ist zu groß, um auch nur halbwegs glaubhaft zu sein. Es ist ein ziemlich plumper Bluff, der nur an der Oberfläche wirkt. Wir beten ihn uns laut vor, doch die leisen Zweifel wirken weiter. Wir reden uns ein «Du schaffst das schon, du schaffst das schon», doch der Puls rast immer noch, die Atmung ist flach und die Handflächen naß. Der Körper entlarvt den plumpen Schwindel. Rosarot denken ist nicht positiv denken. Der innere Skeptiker ist nicht blöd. Man sollte sich nicht selbst für dumm verkaufen.

Zum inneren Skeptiker redet man am besten wie zu einem anderen Menschen. Einem Menschen, der zwar skeptisch, aber immerhin vernünftig ist. Man kann ihn nicht überreden, aber überzeugen. Zum Beispiel mit einer Referenzerfahrung. Erinnern Sie sich an eine Aufgabe in der Vergangenheit, die Sie objektiv betrachtet gut lösten. Egal welche. Sie muß nicht der aktuellen Aufgabe ähnlich sein. «Ich habe mir in drei Tagen das Snowboarden beigebracht, dann packe ich auch SAP R/3! Das tut beim Abstürzen nicht halb so weh.» Das funktioniert durchaus. Es kommt nicht darauf an, daß die Aufgaben vergleichbar sind, sondern daß ich die erste Aufgabe geschafft habe. Nicht das Ereignis, sondern die Fähigkeit zur Problemlösung zählt. Man hat's geschafft: «Ich kann's» ist die Botschaft, die uns beflügelt.

Wenn sich also der innere Skeptiker meldet, formuliert man «Ich pack das nicht» nicht um in «Ich pack das!», sondern in: «Ich kann das noch nicht. Aber ich werde es lernen.» Darauf reagiert der innere Skeptiker meist überzeugt: «Okay, so kann man das sehen.» Aber das reicht noch nicht. Man muß den negativen Spruch mit einem positivem Spruch kontern, quasi mit einem Schlachtruf, der anfeuert. Wirklich erfolgreiche Menschen haben alle so einen inneren Spruch. Sie denken etwa so:

«Was ich anpacke, schaffe ich auch.»

«Da hab ich schon ganz andere Sachen gestemmt.»

«Das krieg ich auch noch hin.»

«Ich schaffe es schon irgendwie.»

Nun kann jeder x-beliebige Mensch denken «Was ich anpakke, schaffe ich auch». Doch bei wirklich erfolgreichen Menschen bewahrheitet sich der Spruch wie durch ein Wunder immer wieder. Das ist kein Wunder, das sind die Babysteps (s. Kapitel 2). Wenn man kleine Schritte anpackt, schafft man sie auch, bestätigt sich damit den inneren Spruch und macht ihn über die Wiederholung zur Gewohnheit. Wenn die kleinen Schritte darüber hinaus an Umwelt und Situation angepaßt sind, der Sekundärgewinn integriert ist und die Kosten tragbar sind, bestätigt sich der Spruch immer und immer wieder. So wird Erfolg zur Gewohnheit.

Sie werden Ihren inneren Zweifler nie wirklich loswerden. Old habits die hard. Alte Gewohnheiten sterben langsam. Aber je öfter die Zuversicht dank guter Zielplanung bestätigt wird, desto stärker wird die neue Gewohnheit. Die alte Gewohnheit kommt aus der Mode, eine neue bildet sich. Außerdem ist es gar nicht nötig, den inneren Skeptiker völlig mundtot zu machen. Denn er ist ganz nützlich. Er sagt beispielsweise Dinge wie: «Mit dieser Toleranz läuft das Getriebe nie!» Ein guter Hinweis. Vielleicht sollte man da etwas ändern? Der innere Skeptiker kann uns in Beruf und Privatleben zu Höchstleistungen anspornen, weil er auf alle möglichen Schwachstellen hinweist. Also sollte man ihn nicht mundtot machen. Man sollte ihn nicht ignorieren, sondern integrieren. Vielleicht hat er etwas ganz Nützliches zu sagen?

Die landläufige Skeptikerbehandlung ist also völlig falsch. «Hör auf, dich selbst zu verunsichern. Denk positiv!» funktioniert nicht, weil die Gewohnheit viel zu stark ist, als daß man sie unterdrücken könnte. Es sei denn, man wendet so viel Konzentration dafür auf, daß man für die eigentliche Aufgabe nicht mehr viel Hirnschmalz übrig hat. Außerdem beraubt man sich dadurch guter Hinweise. Der innere Skeptiker hat ja wirklich etwas zu sagen. Also sollte man ihn nicht zum Schweigen bringen, sondern lediglich dafür sorgen, daß er nicht die falschen Dinge in den Dreck zieht: unser Selbstwertgefühl und unsere Fähigkeit, Probleme zu lösen. Wenn er also wieder mal meckert: «Das funktioniert doch nicht! Das hat weder Hand noch Fuß!» kann man frustriert die Zähne zusammenbeißen. Man kann aber auch fragen: «Was stört dich denn? Was genau stinkt dir?» Dann sagt der Skeptiker vielleicht: «Dies und das ist nicht okay.» Und daran kann man ja was ändern. Wichtig ist daher, daß wir den inneren Skeptiker nicht ignorieren und niederbrüllen, sondern ihn in einen Dialog verwickeln und seine destruktive Energie in nützliche Kanäle leiten.

Der Kritiker

Stellen Sie sich vor, ein Fussballtrainer steht am Spielfeldrand und ruft rein: «Was war denn das wieder? Triffst du nicht mal diesen Kurzpaß? Und diese Flanke!» Einmal davon abgesehen, daß seine Tage gezählt wären – welche Konsequenz hätte diese Miesmacherei? Seine Mannschaft wäre total geknickt und würde noch mieser kicken. Kein Mensch, der klar im Kopf ist, ruft so was einem Spieler zu. Aber wir. Wir haben ständig diese Stimmen im Kopf.

Eine Projektleiterin eines Öl-Multis, die ein Budget von mehreren Millionen Mark managt, sagt: «Jedesmal, wenn ich dem Vorstand präsentiere, denke ich ‚Da ist ein Tippfehler, und diese Folie ist nicht optimal, und was rede ich denn wieder für geschwollenes Zeug!'» Man kann sich vorstellen, wie die Dame präsentiert. Unsicher. Normalerweise ist sie schlicht brillant. Deshalb hat sie es auch so weit gebracht. Aber jedesmal vor dem Vorstand stellt sie sich selbst ein Bein. Sie weiß: «Mit dieser Unsicherheit schaffe ich nie den großen Karrieresprung.» Die inneren Stimmen behindern uns nicht nur vor großen Aufgaben, sie sabotieren uns auch während der Aufgabe. Sie kommentieren jeden unserer Handgriffe:

«Ging voll daneben.»
«Das war ja wohl nix.»
«Heute ist nicht mein Tag.»
«Jetzt geht aber alles schief.»
«So wirst du den Kunden nie gewinnen!»

Manchmal sind es nicht die inneren Stimmen, sondern spontane Gefühle, die uns ein Bein stellen: Ärger, Frust, Druck, wenn wieder was schieflief. Wir reagieren verkrampft und abgelenkt und erhöhen damit die Wahrscheinlichkeit für den nächsten Fehler, was den nächsten Kommentar auslöst, was die Verunsicherung erhöht ... Jeder innere Negativ-Kommentar erhöht die Mißerfolgswahrscheinlichkeit. Es gibt mehrere Möglichkeiten, den inneren Kritiker an die Kandare zu nehmen:

1. Kein Kommentar. Beim Sport kann man sehr schön beobachten, wie der innere Kommentar die Leistung hemmt. Beim Abschlag am siebten Loch hört man die Stimme vom sechsten Grün: «Das darf doch nicht wahr sein. Voll vorbeigezogen! Ständig diese Abschlußschwäche. Ich kriege das einfach nicht abgestellt!» Wird es davon am nächsten Loch besser? Im Gegenteil. Wer sich selbst so verunsichert, wird immer schlechter. Wer sich selbst demotiviert, braucht keine Gegner, die ihn einschüchtern. Spitzensportler haben die Gewohnheit erworben, während des Wettkampfes den inneren O-Ton einfach abzudrehen. Er stört nur. Wie das Rauschen im Radio. Man kann sich selbst vornehmen: «Ruhe, während die Sache läuft. Kein Kommentar. Volle Konzentration auf die Sachaufgabe.» Das erfordert lediglich etwas Disziplin. Jedesmal, wenn sich der Kommentator melden will, schickt man ihn wieder weg: «Jetzt nicht. Nachher kannst du Manöverkritik machen.»

2. Die Formel. Man kann dem destruktiven Kommentar auch einen konstruktiven gegenüberstellen. Sobald etwas schiefgeht, sagt man sich:

«Vergessen – nächster Ball.»
«Abhaken – weiter.»
«Steckt's weg, was kommt als nächstes?»

Das ist die sofortige Frust-Entsorgung. Profis können das. Sie stellen dem Frust keine Energie zu Verfügung, damit er sich aufbauen kann. Sie weinen nicht einem verhauenen Schlag nach, wie weiland Boris Becker, der in seinen frühen Jahren für seine Jammertiraden berühmt war. Jeder Zuschauer konnte mitansehen, wie das Spiel nach jeder Tirade schlechter wurde. So demontiert man sich selbst. Später wurde Boris ein Meister darin, auch nach Fehlern absolut cool zu bleiben und seine Gegner durch sein Poker-Face zu verunsichern.

3. Die Ersatzhandlung. Cool zu bleiben klappt nicht immer. Vor allem am Anfang nicht. Statt durch die Decke zu gehen, kann man sich deshalb eine Ersatzhandlung aussuchen. Anstatt mir jetzt Sorgen zu machen, atme ich lieber dreimal tief durch. Anstatt meine miese Stimmung zum nächsten Kunden zu tragen, laufe ich lieber einmal um den Block. Das gibt dem Frust ein Ventil.

4. Den Druck rausnehmen. Wer sich unter Druck fühlt, macht ihn sich meist selbst. «Oje, schon 0:1 zurück. So gewinnen wir nie!» Wer gewinnen will, muß locker bleiben. Natürlich gibt es Menschen, die sich über den großen Traum motivieren: «Meister werden!» und wie beflügelt über den Rasen tänzeln. Wer so fühlt, soll sich das Endziel in den schönsten Farben ausmalen. Wen aber der Gedanke ans Ziel unter Druck setzt, der soll sich auf den nächsten Schritt konzentrieren. Ein Amateur-Marathonläufer sagte mal, als ihn eine begleitende Bekannte am Start mit den Worten verabschiedete «Na dann bis zum Ziel»: «Ich bin ja nicht bescheuert, jetzt schon ans Ziel zu denken. Ich muß erst mal die ersten zehn Kilometer angehen.» That's the spirit. Wen das große Ziel unnötig unter Druck setzt, der konzentriert sich auf den nächsten Babystep.

Der Meckerer

Stellen Sie sich vor, ein Zehnkämpfer steht an der Hochsprunganlage und daneben stehen sein Trainer und sein Masseur. Der Masseur sagt: «Ganz schön hoch. Meinst du, du kommst da rüber?» Und während der Athlet anläuft, läuft sein Trainer neben ihm her und hechelt zwischen zwei Atemstößen hervor: «Deine Schrittlänge! Unmöglich!» Wie hoch schätzen Sie die Wahrscheinlichkeit eines Erfolgs ein? Der Zehnkämpfer kann gleich die Schuhe ausziehen. Wenn er noch Erfolg hat, dann nicht wegen Trainer und Masseur, sondern trotz der beiden.

Genau so ergeht es uns, wenn der innere Skeptiker uns *vor* und der innere Kritiker uns *während* einer Aktion dreinredet. Diese Sabotage endet nicht mit der Sachaufgabe. Sie geht weiter. Wie die Fußballtrainer sagen: «Nach dem Spiel ist vor dem Spiel.» Nach einer Aktion werden die Weichen für den nächsten Erfolg gestellt.

Nach einer Aufgabe wird der Motor für die nächste Aufgabe warmgefahren. Wer etwas von Selbstsabotage versteht, würgt ihn darum genau hier ab. Jetzt ist unsere Aufmerksamkeit vom vorhergehenden Erfolg oder Mißerfolg geschwächt. Leichtes Spiel für den Mekkerer, uns gleich den nächsten Erfolg zu vermiesen. Der Meckerer setzt sieben Sabotagestrategien ein:

1. Die Elefanten-Taktik. Evi spielt Volleyball. Wenn sie dem Gegner einen Smash vor die Füße knallt und alle jubeln, winkt sie ab: «So toll war das nicht. Viel zu unplaziert geschlagen.» Sie macht aus einer Mücke einen Elefanten. Natürlich war der Ball nicht plaziert. Aber er war hart, überraschend und am Block vorbeigezielt. Es war also ein 98prozentiger Erfolg. Doch Evi sieht nur die zwei Prozent Fehler. Man könnte nun sagen: «Na und? Sie hat den Punkt doch gemacht.» Aber gleichzeitig ihre Chancen auf den nächsten Erfolg gemindert. Sie freut sich nicht. Und Freude motiviert. Evi ist eine ewig Unzufriedene. Das ist ihr gutes Recht. Aber ihre Kosten sind hoch: Kaum Lebensfreude und verringerte Erfolgsaussichten. Wer Erfolg und Spaß im Leben haben will, muß die 2-Prozent-Brille ablegen.

Wenn Sie den Verdacht haben, daß Sie sich mit übertriebenem Perfektionismus das Leben schwer machen, fragen Sie sich nach jeder Aufgabe: Wieviel Prozent sind Erfolg? Wieviel Prozent Mängel? Das rückt die Dinge ins rechte Licht. So werden Erfolge auch als Erfolge erkannt. Liegt die Quote über 50 Prozent: Feiern! (s. Punkt 7).

2. Das Leisetreten. Rolf ist ein begnadeter Verkäufer. Doch wenn er vom Kundenbesuch kommt und ihn der Chef nach den Auftragsaussichten fragt, wiegelt er ab: «Weiß nicht, kann man jetzt noch nicht sagen.» Rolf hat eine Erfolgsquote von 80 Prozent. Sein Kollege hat 60 Prozent. Doch dieser sagt nach jedem Besuch zum Chef: «Klasse gelaufen. Der Auftrag kommt bestimmt.» Der Kollege wird zum Regionalleiter befördert – obwohl er objektiv weniger Erfolg hat. Er kann sich lediglich besser verkaufen. Wer sein Licht unter den Scheffel stellt, den bestraft das Leben. Rolf braucht einen guten Freund, der ihm sagt: «Du hast eine der besten Gesprächsführungen, die ich kenne. Du behandelst deine Kunden wie Könige – und du versteckst dich damit! Du hast ein Rad ab! Tue Gutes und rede darüber, verflixt nochmal!» In Ermangelung eines guten Freundes kann sich das Rolf auch selber sagen. Manchmal hören wir auf unsere positiven inneren Stimmen. Rolf muß ja nicht behaupten: «Der Auftrag kommt bestimmt!» Denn das kann er nicht wissen. Aber er kann seinem Chef sagen: «Es lief tadellos. Der Vertrag liegt beim Kunden. Ich habe ein gutes Gefühl.» Der Chef strahlt. Er liebt Menschen mit guten Nachrichten. Und Rolf fühlt sich wohler. Er hat dem Chef gezeigt, daß er Leistung bringt.

3. Das Entschuldigen. Es gibt Menschen, die entschuldigen sich für Erfolge: «Ach was, das ist doch mein Job. Das war doch nichts Besonderes. Und Glück war auch dabei.» Sympathische Bescheidenheit? Nein: Erfolgsverweigerung. Wie kann man/frau ein emotional erfülltes oder zumindest zufriedenes Leben führen, wenn man so an der Belohnung vorübergeht, die einem zusteht? Wie soll man sich für die nächste Aufgabe aufbauen, wenn man das beste Aufbaumaterial wegwirft? Wer sich selbst anerkennt, stärkt sein Selbstbewußtsein, seine Motivation und damit seine Erfolgsaussichten. Bescheidenheit ist eine Zier, doch Erfolg hat man ohne ihr. Dann wiederum lobt derselbe Mensch, der sich heute für einen Bombenerfolg entschuldigt, morgen einen Kollegen für ein kleines Erfölgchen. Hier hilft nur eines: Lobe deinen Nächsten wie dich selbst. Wenn Sie Ihren Nächsten loben, dann loben Sie sich selbst im selben Maße zu denselben Anlässen. Das wirkt Wunder für Ihr Selbstvertrauen, Ihr Ansehen bei anderen und Ihre künftigen Erfolgsaussichten. Wer sich für einen Erfolg entschuldigt, bettelt um Mißerfolg und ein verkümmertes Selbstwertgefühl. Es ist Ihre Pflicht als selbständiges Individuum, Ihre Erfolge angemessen anzuerkennen. Alles andere ist Selbstsabotage. Zu einer gesunden Einschätzung seiner selbst gehört auch die Anerkennung von Leistung.

4. Schwarzsehen ist *das* Motivationsproblem. Ein kleiner Fehler und schon heißt es: «Das wird nichts mehr.» Ein versiebtes Vorstellungsgespräch: «Bin eben nicht zum Manager geeignet.» Ein Ischias-Anfall: «Ja, das Alter. Besser wird das nimmer.» Wir glauben das tatsächlich. Und es betrübt uns. Dabei ist es der größte Unsinn. Schuld daran ist eine Fehlschaltung im Gehirn. Normalerweise ist die Generalisierung Voraussetzung für Intelligenz: Autsch, *diese* Herdplatte ist heiß, also sollte ich mit *allen* Herdplatten vorsichtig sein. Wer diese Generalisierung nicht schafft, bringt es nicht weit im Leben. Leider führt die Generalisierung auf der anderen Seite zu ungewollten Kurzschlüssen: «Die Präsentation ging daneben. Ich bin eben nicht zum Projektleiter geeignet.» Wegen einer einzigen versiebten Präsentation?

Edison, der Erfinder der Glühbirne, hatte mehrere hundert Fehlversuche, bevor ihm ein Licht aufging. Hätte er generalisiert, säßen wir alle im Dunkeln. Leider generalisieren wir *immer.* Die Software im Kopf ist so geschrieben. Wir haben die unerfreuliche Tendenz, das einmal Erlebte (unzulässig/zulässig) zu verallgemeinern. Nach dem Beziehungs-GAU: «*Alle* Frauen verlassen mich.» «*Alle* Männer sind Schweine.» «Alle wollen nur das eine.» Oder: «Als Frau bringt man es hier nicht weit» – bloß weil der Chef sie ein einziges Mal getadelt hat. Vor allem beim Erlernen von Neuem ist das der Genickbruch. Viele Bankangestellte, die im Zuge der Kundenorientierung sich von der Beamtendenke zur Servicehaltung verändern müssen, erleben ein versiebtes Schaltergespräch und sagen dann: «Wußte ich's doch. Ich bin Bänker, kein Verkäufer.» Hilft diese schwarzmalende Fehlfolgerung, den Job zu behalten? Die Schwarzseherei ist so gefährlich, weil sie nicht nur diese eine Aufgabe sabotiert. Sie sabotiert *alle anderen, nachfolgenden.* Wer schwarzsieht, hört auf, es zu versuchen, «weil frau es hier sowieso nicht weit bringt». So wird aus einem aktiven Menschen ein resignierter, frustrierter, machtloser Mensch. Dabei ist der Ausweg ganz einfach (einfach, aber nicht leicht).

Man braucht einen guten Freund – man kann sich auch selbst der beste Freund sein – der einem sagt: «Spinnste? Das war ein einziger kleiner Fehlversuch. Deshalb wirft man doch nicht die Flinte ins Korn. Auf zum nächsten Versuch.» Bei einem Tennisclub auf der Schwäbischen Alb arbeitet ein uralter Tennistrainer. Jedesmal, wenn ein Spieler ihm sagt: «Das pack ich nicht. Der Schlag ist zu schwer für mich», entgegnet er: «Versuch es 50mal. Erst wenn es kein einziges Mal klappt, kannst du sagen, es klappt nicht.» Der Seniortrainer sagt: «Ich warte seit 40 Jahren darauf, daß einer danach immer noch behauptet, es funktioniere nicht.»

Schwarzsehen ist eine Gewohnheit. Man kann sich das abgewöhnen. In Amerika lebt ein Mann, der mit zwei zu Stummeln verkürzten Armen zur Welt kam. Sein größter Traum war, einmal gegen die Nummer 1 der Tennisweltrangliste zu spielen. Die Zahl der Leute, die sich an die Stirn tippten, als sie das hörten, nahm im Laufe seines Lebens astronomische Ausmaße an. Inzwischen hat er von Lendl bis zu Sampras gegen die meisten Top-Ten-Spieler gespielt. Er sagt: «Es war mir egal, wie viele Leute mir sagten, es sei unmöglich. Ich hielt es für möglich, weil ich es für möglich halten wollte.» Sein Vater übrigens ist ähnlich erfolgsorientiert. Als der Sohn ihm mit sechs Jahren klagte, daß er mit seinen verkrüppelten Armen sich im Leben behindert fühle, sagte der Vater: «Sohn, deine einzige Behinderung sind die zehn Zentimeter zwischen deinen Ohren.»

5. Miese Stimmung mitschleppen. Wer kennt das nicht? Ein einziger Mißerfolg kann einem den ganzen Tag verderben. Kunde A regt mich auf, also klopfe ich bei Kunde B mit mieser Stimmung an – auch Kunde B «zickt» (deshalb). Ich gehe noch saurer zu Kunde C – und so weiter. Mein Chef nervt mich, also bin ich nach Feierabend zum Partner patzig. Der Partner patzt zurück, also meckere ich morgen meine Kollegen an ... Das hat nichts damit zu tun, daß heute nicht mein Tag ist. Das ist Selbstsabotage. Wir stellen uns selbst ein Bein, weil wir nicht abschalten können. Doch Abschalten will gelernt sein.

Es hilft nichts, einem Mißerfolg oder einem bösen Erlebnis hinterherzujammern – vom Sekundärgewinn Mitleid einmal abgesehen. Doch das bringt uns nicht weiter. Was uns weiterbringt:

a) Wir gestehen uns frank und frei ein: Satz mit X – war wohl nix.
b) Was lief trotz allem dabei gut? Es gibt keine hundertprozentigen Desaster. Irgend etwas lief immer gut.
c) Was lief falsch?
d) Warum?
e) Was werde ich deshalb das nächste Mal besser/anders machen?

Die Punkte b und e sind das einzige, was ich aus einem Desaster mitnehmen darf, wenn ich weiterkommen will: Die Lernerfahrung. Es heißt immer: Aus Fehlern wird man klug. Doch die meisten Menschen lernen nichts aus ihren Fehlern. Sie bejammern sie. Wer jammert, lernt nichts. Auch wer sich vornimmt: «Das mache ich nie wieder!» lernt nichts. Wenn ich weiß, daß eine saftige Standpauke meine Mitarbeiter nicht davon abhält, die Kunden zu vergraulen, und mir vornehme «Ich standpauke nie wieder!» – was habe ich da gewonnen? Ich weiß noch immer nicht, was ich nun zum Kuckuck tun soll. Außerdem erinnere ich mich ständig an das Standpaukendesaster und belaste mich dadurch emotional. Ich schleppe das Desaster ständig mit mir herum. Also: Ballast abwerfen. Die einzigen zwei Dinge, die Sie aus einem Mißerfolg mitnehmen dürfen sind:

- Was war gut? (Das motiviert und steigert das Selbstvertrauen.)
- Was mache ich nächstes Mal anders? (Das steigert die Erfolgsaussichten.)

6. Die anderen sind schuld! Sowieso. Und immer. Leider stimmt das nicht: It takes two to tango – zu einem Problem gehören immer (mindestens) zwei. Doch wer die Schuld auf andere schiebt, erntet satten Sekundärgewinn (s. Kapitel 2): Mein Selbstwertgefühl bleibt intakt, und ich bin willkommen im Club der Jammerer: «Diese doofen Kunden! Die sind doch selbst schuld an den Maschinenausfällen, weil sie sie nicht bedienen können!» Alle anderen sind's gewesen, und ich hab wieder nichts dazugelernt. Denn mit dieser Einstellung mache ich mir Punkt e von weiter vorne futsch: Ich kriege nie heraus, was ich, ich persönlich, das nächste Mal anders machen muß. Ich bin auf Gedeih und Verderb dem doofen Kunden ausgeliefert und der Hoffnung, daß dieser es irgendwann kapiert. So macht man sich selbst zum hilflosen Opfer seines Schicksals.

Auch hier hilft die Technik des guten Freundes. Irgendwer, notfalls wir selbst, muß uns sagen: «Na hör mal. Die Kunden sind schon ein bißchen begriffsstutzig. Aber muß die Gebrauchsanweisung so kompliziert sein?» Wenn wir ehrlich sind – meist morgens zwischen zwei und vier Uhr im Bett –, wissen wir das auch. Im Grunde wissen wir, was unser Problemanteil ist. Wir müssen ihn nur an die Oberfläche holen. Und zwar so, daß unser Selbstwertgefühl gesichert ist. Also nicht: «Du Idiot! Schreib endlich die Gebrauchsanweisung um!» Man kann auch höflich zu sich selbst sein. Wer dann noch aus seinem Problemanteil ein smartes Ziel (s. Kapitel 2) formuliert und den Zielrahmen (von Situationspassung bis Kosten, s. Kapitel 2) absteckt, hat beinahe schon eine Erfolgsgarantie in der Tasche.

7. Erfolge nicht feiern. Alle vorhergehenden Mecker-Strategien gehören zu einer überragenden Meta-Strategie: Erfolge nicht feiern. Wer heute einen Erfolg nicht feiert, behindert morgen seinen nächsten. Wer heute diesen einen Erfolg nicht feiert – aus Gründen 1 bis 6 oder anderen – sabotiert alle künftigen Erfolge. Weil er den Erfolg nicht nutzt, seine Motivation, sein Selbstwertgefühl und sein Problemlösungs-Know-how zu steigern. Wer feiert, ist motiviert. Und wer motiviert ist, hat bessere Erfolgschancen. Betrügen Sie sich nicht selbst um die wohlverdienten Lorbeeren. Gehen Sie an der Belohnung, die Ihnen zusteht, nicht vorbei. Das klingt so simpel und selbstverständlich. Warum nur fällt es uns so schwer?

Die Miesmacherei ist ein Kulturphänomen. Wir Westeuropäer halten Höchstleistung für selbstverständlich. Schließlich leben wir in einer Leistungsgesellschaft. Also muß man Leistung nicht anerkennen. Und da fragen sich die Leute, weshalb kein «Ruck durch die Nation» geht, wie Roman Herzog das fordert. Wer tatsächlich seine Erfolge feiert, wird schief angeschaut. Daher feiern wir nicht.

Wir möchten nicht anecken. Wir möchten nicht auf den Sekundärgewinn der sozialen Achtung verzichten. Und verzichten gleichzeitig damit auf Selbstvertrauen, Motivation und Erfolg. Aber was soll man machen? Zum Lachen in den Keller gehn? Nein, sondern:

- Machen Sie sich bewußt: Was läuft hier eigentlich? Sind die alle bescheuert? Erfolge zu feiern ist doch das Menschlichste von der Welt. Feiern heißt, sich selbst für Erfolg zu belohnen: Kino, schön Einkaufen gehen, Füße hochlegen, Oper, Entspannungsspaziergang – jeder hat seine eigene Belohnung. Belohnen heißt: sich etwas Gutes tun, was immer das sein mag.
- Stehen Sie über dieser dämlichen gesellschaftlichen Norm. Daß Frauen nicht wählen dürfen, war auch mal eine Sozialnorm. Warten Sie nicht, bis die Gesellschaft schlau wird. Schaffen Sie die Norm für sich schon jetzt ab. Feiern Sie trotzdem. Das sind Sie sich schuldig.
- Zwingen Sie sich in der ersten Zeit förmlich, zu feiern. Denn die Gewohnheit «Don't celebrate!» läßt das Feiern zuerst als bescheuert und falsch erscheinen (s. o.). Aber das ist nur eine Gewohnheit! Halten Sie ein halbes Dutzend Mal durch. Dann fällt es immer leichter, macht immer mehr Spaß, und Sie merken, wie Ihnen das guttut und Sie beflügelt.
- Suchen Sie Ihre Erfolge wenn nötig mit der Lupe. Sie sind da. Sie übersehen sie nur, weil die alte Gewohnheit noch wirkt, nur das Negative zu sehen und den Erfolg zu ignorieren.
- Feiern Sie nicht demonstrativ vor den größten Miesmachern in Ihrer Umgebung. Suchen Sie sich zum Feiern die passende Gesellschaft. Leute, die wie Sie erfahren haben, daß man um so erfolgreicher und zufriedener ist, je gewissenhafter und disziplinierter man errungene Erfolge feiert. Es gibt beeindruckende Vorbilder. Eines davon betrachten wir jetzt.

Der Projektleiter eines Anlagenbauers verteilt bei Erreichen eines Meilensteins Zigarren und Cognac an sein Projektteam. Dann wird eine akademische Viertelstunde gepafft und geschlürft. Als irgendwann ein Bereichsleiter in die Siegesrunde platzte und über die

Zeitverschwendung moserte, entgegnete ihm der Projektleiter: «Wenn Sie wollen, daß wir weiter erfolgreich sind, gönnen Sie uns den kleinen Triumph. Wenn Sie das nicht wollen, sagen Sie es, dann mache ich sofort meine Zigarre aus.» Der Bereichsleiter mekkerte noch ein bißchen herum, aber traute sich nicht, die Feier zu verbieten. Woher nahm der Projektleiter den Mut, dem hohen Tier die Stirn zu bieten? Er hat ein bombenfestes Selbstvertrauen. Weil er seine Erfolge feiert, wann immer er welche erreicht. Über die Jahre baut das auf wie sonst nichts. Er wartet nicht, daß ihm der Chef den Kopf tätschelt (brav, Bello, brav). Er hat erfahren: Keine Anerkennung der Welt kann das in uns bewirken, was wir selbst für uns tun. Alle Anerkennung der Welt nutzt nichts, wenn wir sie nicht ganz tief drin akzeptieren. Und wenn wir uns selbst eingestehen, daß wir gut sind, brauchen wir keine Anerkennung von außen. Denn meist können nur wir selbst wirklich beurteilen, wie groß unser Erfolg ist, weil nur wir selbst am besten wissen, was wir dafür an Mühe, Schweiß, Überwindung und Zeit investiert haben.

«Alle Dinge sind bereit, wenn der Geist es ist.»
Goethe

«Der Pessimist sieht in jeder Chance eine Bedrohung. Der Optimist sieht in jeder Bedrohung eine Chance.»
Alte Weisheit

4 Der innere Erfolgsfilm

Im falschen Film

Erfolg ist eine Sache des Kopfes. Inzwischen hat die Wissenschaft recht genau herausgefunden, was im Kopf erfolgreicher Menschen abläuft. In der NBA, der US-Basketball-Profiliga, machte ein Psychologieprofessor dazu ein interessantes Experiment. Er wählte einige Profis aus, teilte sie in zwei gleich starke Gruppen und unterzog beide einem Training. Beide Gruppen sollten versuchen, ihre Trefferquote beim Strafwurf zu erhöhen. Die eine Gruppe trainierte stundenlang am Korb. Sie erhöhte ihre Trefferquote um durchschnittlich drei Prozent. Die andere Gruppe erhöhte ihre Erfolgsquote um 20 Prozent. Natürlich waren sämtliche NBA-Trainer ungeheuer scharf darauf, mehr über dieses Wundertraining zu erfahren. Sie fragten sich: Mit welchen Übungen hat es der Professor geschafft? Hat er die empfindlichen Handgelenke der Werfer trainiert? Hat er mit besonders schweren oder leichten Bällen trainieren lassen, um die Muskeln zu stärken oder das Ballgefühl zu erhöhen? Stellen Sie sich das Erstaunen der Trainer vor, als diese erfuhren, was der Professor tatsächlich trainieren ließ: nämlich (fast) nichts.

Die erfolgreiche Gruppe saß stundenlang regungslos herum und machte nichts anderes, als sich den Wurf *vorzustellen.* Hunderte Male ließen sie den immer gleichen Film vor ihrem geistigen

Auge ablaufen. Der Film hieß: Der perfekte Wurf. Als der Film so lange angeguckt war, bis er reibungslos im Kopf ablief und immer wieder wiederholt werden konnte, stieg die Trefferquote automatisch. Erstaunlich? Eigentlich nicht. Trainer von koordinativ anspruchsvollen Sportarten wie Leichtathletik oder Sportgymnastik wissen schon lange: Was nicht im Kopf ist, ist auch nicht im Körper. Der Kopf steuert den Rumpf, sagen die Sprinttrainer. Wer im Winter gerne alpine Skirennen anschaut, sieht die Profis bei der Filmarbeit. Total versunken kauern sie mit verschlossenen Augen am Start, schwanken leicht hin und her und wedeln langsam mit der Hand: Bevor sie an den Start gehen, fahren sie die Piste vor ihrem geistigen Auge ab, bis die Torfolge «sitzt». Sie prägen ihren Erfolgsfilm.

Filmarbeit machen jedoch nicht nur die Profis. Jeder von uns hat tägliche solche Filmerlebnis. Wer regelmäßig Sport treibt, hat sie sogar fast ständig – wenn er darauf achtet. Denn wie alle Erfolgsprozesse läuft auch dieser unbewußt ab. Wenn wir unserem eigenen Denkprozeß bewußt nachspüren, erinnern wir uns an Erlebnisse wie:

- «Als der Paß kam, sah ich den Ball schon in die Torecke krachen, noch bevor ich überhaupt abgezogen hatte», sagt Hans, der Amateur-Kicker. Und der Ball krachte in die Ecke.
- «Vor meinem geistigen Auge sah ich die Falle, in die ich ihn stellen wollte», berichtet Susi, die Schach spielt. Und bald hatte sie ihn in der Ecke. Simultanschach ist zum Beispiel gar nicht denkbar ohne Film im Kopf.

Unbewußt benutzen wir diesen Prozeß ständig. Wenn wir uns anziehen und zu einem Kleidungsstück greifen, überlegen wir uns vorher, wie das mit den anderen Kleidungsstücken zusammenpaßt. Wir sehen die Kombination vor dem geistigen Auge. Genauso beim Kochen und Backen. Wir sehen den leckeren Apfelkuchen, bevor wir ihn backen (oder wir spüren den Geschmack schon auf dem Gaumen). Das ist für uns bereits so selbstverständlich, daß wir gar nicht mehr darauf achten. Aber es hat enorme Konsequenzen: Wir erschaffen unsere Welt um uns nach dem Bild, das wir im Kopf tragen. Wer ein Marmeladebrot essen will, hat es zuerst im Kopf. Das ist ein Segen – und ein Fluch. Denn da der Film unbewußt läuft, läuft er unbewußt oft in die falsche Richtung. Unglücklicherweise meist dann, wenn's drauf ankommt. Wenn wir beispielsweise zum Elfmeter anlaufen, schießt uns das Bild durch den Kopf: «Ball geht vorbei!» und prompt geht die Sache schief. Vielleicht geht der Ball nicht vorbei. Doch wir sind nicht mit der vollen Konzentration bei der Sache. Der Torwart krallt sich den schlapp geschossenen Ball. Wir scheitern, weil wir im falschen Film saßen.

Der Kopf ist auch nur ein Muskel

Wer ein Marmeladebrot essen will, muß erst ein Marmeladebrot im Kopf haben. Wer Erfolg haben will, muß den Erfolg erst im Kopf haben. Das wissen wir längst. Der Haken dabei: Der Film bekommt Risse, sobald man nervös, gestreßt oder unter Druck ist. Da denkt man an alles andere als an den Erfolg: Was, wenn's schiefgeht? Oje, ich bin nicht ausreichend vorbereitet! Was denken die andern von mir? Warum fällt es so schwer, den richtigen Film laufen zu lassen?

Hans ist nervös. Übermorgen muß er einen schwierigen Teamkollegen von einer unangenehmen Aufgabe überzeugen. Wenn der Kollege quertreibt, ist das Projekt von Hans gefährdet. Immer wieder schießt Hans der Film von der letzten Auseinandersetzung durch den Kopf. Hans weiß: Je öfter er diesen Negativfilm laufen läßt, desto größer wird die Wahrscheinlichkeit, daß es wieder genau so kommt; weil das Gehirn gerne bekannte Muster wiederholt, bevor es ungewohnte Muster abspielt. Also gibt er sich alle Mühe, einen positiven Film zu entwickeln. Das ist schon schwer genug. Denn meist können wir uns gar nicht vorstellen, wie ein gefürchtetes Ereignis überhaupt positiv verlaufen könnte. Doch Hans hat Phantasie und Beobachtungsgabe. Er weiß, daß der Kollege auch ganz verständnisvoll sein kann. Also gelingt ihm irgendwann wirklich das Abdrehen eines konstruktiven Filmes. Hans wendet das Erfolgsrezept des inneren Films tatsächlich an – und ist enttäuscht.

«Ich habe mir mühsam eine positive Gesprächsatmosphäre ausgemalt», sagt Hans. «Aber der blöde Negativfilm schleicht sich ein, sobald ich nicht aufpasse. Die Technik funktioniert einfach nicht.» Das stimmt nicht. Die Technik funktioniert, sie wird lediglich sabotiert. Inzwischen wissen Sie, wovon: von der Gewohnheit. Es nützt überhaupt nichts, den positiven Film ein einziges Mal anzusehen, wenn der negative bereits in der siebten Woche läuft. Nehmen wir ein ganz einfaches Beispiel: eine Telefonnummer. Sie haben bestimmt einige Nummern im Kurzwahlspeicher. Eltern, Freunde, Oma, gute Geschäftspartner ... Wie viele davon können Sie auswendig wählen?

Und standen Sie nicht auch schon irgendwann völlig verdattert vor einem Münztelefon oder bei guten Freunden und sagen: «Oje, ich weiß nicht mal mehr die Nummer meiner Mutter auswendig!» Ist man deshalb eine böse Tochter, ein böser Sohn? Nein. Das ist ganz normal. Nur weil man sie früher so oft wählte, prägte sie sich irgendwann ein. Heute ist diese Einprägung vom Kurzwahlspeicher abgeschafft.

Für das Langzeitgedächtnis gilt: Einmal ist keinmal. Wenn Sie sich die Nummer wirklich merken wollten, müßten Sie Ihr Gedächtnis trainieren. Und zwar 7+/–2mal (die sogenannte *Millersche Zahl*) – diese Anzahl fand man durch Versuche heraus. Sie müssen fünfmal wiederholen, wenn Sie heute in Gedächtnishöchstform sind. Neunmal, wenn Sie im Moment geistig etwas träge sind. Erst nach diesen fünf- bis neunmal ist der Schwellenwert erreicht, der eine Speicherung im Langzeitgedächtnis auslöst. Danach wissen Sie die Nummer auch noch Stunden später auswendig. Doch schon einen Tag danach kann sie wieder vergessen sein. Was wirklich dauerhaft gespeichert werden soll, muß nach der ersten Speicherung täglich ungefähr dreimal wiederholt werden.

Deshalb funktioniert bei vielen Menschen der Erfolgsfilm nicht: Der Film lief zu kurz. Er ist nie ins Langzeitgedächtnis gelangt. Der Erfolgsfilm wirkt erst, wenn er 7+/–2mal wiederholt und dann täglich dreimal wiederholt wird. Die Folgen der Millerschen Zahl sind enorm. Hans zum Beispiel glaubt, daß er mit seinem Kollegen, «diesem Quertreiber», nie klarkommen wird, weil er eben ein Quertreiber ist. Dabei stimmt das gar nicht. Der Negativfilm lief lediglich schon so oft ab, daß er zur Gewohnheit wurde. Und Gewohnheiten hält unser Gehirn für wahr (s. Kapitel 3). Wenn wir also wirklich Erfolg haben wollen, müssen wir unser Gehirn erst trainieren. Wir müssen die negative Filmgewohnheit, die wir uns antrainierten und die wir für die Wahrheit halten, abtrainieren. Das Gehirn funktioniert wie ein Muskel. Wenn es nicht trainiert wird, bleibt es schlaff. Trainieren wir mit ihm den Erfolgsfilm.

Filme bestimmen unser Leben

Filme laufen nicht nur vor großen Ereignissen. Sie laufen ständig im Alltag. Beim Kochen sehen wir das fertige Cordon bleu vor uns, beim Einkaufen halten wir die Bluse hoch und sehen, wie sie zu diversen Röcken paßt, die daheim im Schrank hängen. Bevor der Flieger startet, sehen wir ganz deutlich seinen Absturz und bekommen einen Schweißausbruch. Der Architekt sieht das Haus erst im Kopf, bevor er es aufs Zeichenbrett skizziert. Der innere Film ist ein im Grunde banaler Mechanismus, der jedem von uns vertraut ist. Die Frage ist lediglich: Was fange ich damit an? Schaue ich mir Erfolgs- oder Gruselfilme an?

Was immer wir ansehen, wird Realität. Wer auf den Stuhl steht, etwas vom Regal holt und dabei sieht, wie er vom Stuhl fällt, wird heftig damit zu kämpfen haben, nicht tatsächlich herunterzufallen. Wenn's im Kopf wackelt, wackelt bald auch der Körper. Wer den inneren Film sieht, «ab 40 ist das Leben vorbei», sieht überall nur dickbäuchige Vierziger, die lustlos im Biergarten versumpfen. Die unternehmungslustigen Himalaja-Abenteuer-Urlauber nimmt er nicht mehr wahr. Also glaubt er tatsächlich, daß das Leben ab 40 «rapide abwärts geht». Dabei ist das reiner Selbstbetrug. Aber wir

glauben's, weil wir uns diese Fehlsicht zur Gewohnheit machten. Deshalb ist der freudige Schock groß, wenn Menschen urplötzlich mit diesen Sabotage-Gewohnheiten brechen. «Ich dachte immer, mit fünfzig fängt man keinen neuen Job mehr an», sagt Frederik. «Seit ich mich probehalber umschaute, war ich von der Anzahl der Möglichkeiten ganz überrascht.» Seltsam, nicht? Wo wir doch alle glauben, daß ab 50 der Job-Ofen aus ist. Statistische Wahrheit? Nein, blöde Gewohnheit.

Wir glauben oft, daß wir etwas nicht können oder daß etwas unmöglich ist, und erkennen nicht die Täuschung dahinter. Steffi zum Beispiel hat Bammel vor einer Präsentation. «Das liegt mir nicht», sagt sie. «Ich bin eher die stille Arbeiterin im Hintergrund.» Unsinn. Tatsächlich verhält sie sich wie ein gut dressierter Pudel. Sobald sie an «Präsentation» denkt, läuft bei ihr ein Ingmar-Bergmann-Film an: lauter todernste Zuhörer, die ausdruckslos auf ihren Stühlen hokken und fast einschlafen. Sie denkt, das sei so, weil sie eben als Präsentator unbegabt sei. Aber tatsächlich ist sie als Präsentatorin erfolglos, weil sie solches Schauderzeugs denkt. Seit sie sich mühsam über die Millersche Schwelle gerungen hat («anfangs sah das alles so falsch aus!»), sieht sie das anders. Sie sieht jetzt begeisterte Menschen, die vor Spannung fast vom Stuhl fallen und nach ihrer Präsentation begeistert Beifall klatschen. Und tatsächlich kommt es auch so. Hexerei? Nein.

Was wir denken, schafft unsere Realität. Evi traut sich nicht, diesen neuen tollen Typen aus der Forschungsabteilung anzusprechen. «Der findet mich bestimmt langweilig.» Unwillkürlich – das heißt, ohne daß sie das bewußt bemerkt – stellt sie sich vor, wie er die Augenbrauen hochzieht, wenn sie ihn anredet, und den Mund verzieht. Die alternativen Realitäten folgen darauf wie das Amen aufs Vaterunser:

- Also redet sie ihn lieber gleich gar nicht an. Diese Forscher. Halten sich sowieso für was Besseres. Frau kennt das ja.
- Trotzdem überwindet sie sich, ihn anzusprechen. Aber da der innere Film sie total nervös macht, schüttet ihr Körper Streßhormone aus, sie verkrampft, ihre Körpersprache ist verkorkst, sie wirkt unsympathisch. Der tolle Typ denkt: «Diese Mädels aus der Buchhaltung. Verklemmt.»

Nun ist Evi nicht Gottvater. Seit sie das eingesehen hat und sich bewußt machte, daß sie unmöglich das Verhalten eines neuen Kollegen vorhersehen kann, hat sie sich vorgenommen, auf jeden Fall locker zu bleiben. Das kann sie nicht, solange im Kopf das Beziehungs-Kettensägen-Massaker Teil V abläuft. Also kippt sie den Film mit Hilfe des Vorführers Miller aus dem Programm und führt «Eigentlich ist der Typ ganz schnuckelig» auf. Sie stellt sich vor, wie er ihr freundlich zulächelt, wenn sie ihn anspricht, und ihr einen Platz in der Lounge anbietet, in der er oft zur Kaffeezeit sitzt. Evi hat ihn nie in der Lounge angesprochen. Sie lief ihm zufällig vor dem Aufzug über den Weg. Aber da dort automatisch der richtige Film ablief, löste die Ahnung auf das Lächeln des Neuen eine Endorphin-Ausschüttung (ein Wohlfühl-Hormon) bei Evi aus, die sie total relaxed machte. Sie wirkte sympathisch. Der Neue war beeindruckt von ihrer selbstsicheren und freundlichen Art. Ihre Körpersprache stimmte. Er lächelte. Sie haben sich zum Date verabredet. Der Film schafft die Realität.

Das Desaster-Domino

An Evis Beziehungsglück sieht man sehr schön, wie mächtig Filme wirken. Sie lösen eine Kettenreaktion aus. Der Körper kann nämlich nicht zwischen Realität und Vorstellung unterscheiden. Wenn Sie sich jetzt einmal nur 60 Sekunden lang eine vollreife, sattgelbe Zitrone vorstellen, die Sie mit einem mordsscharfen Messer zerteilen, daß der Saft nur so spritzt, kleine Schnitze daraus machen und dann einen Schnitz nach dem anderen genüßlich aussaugen – selbst Menschen mit schwachem Vorstellungsvermögen verspüren darauf, wie der Speichel fließt oder sich die Lippen verziehen. Manche müssen sogar schlucken. Dabei war das nur Einbildung! So ist das auch mit dem Lampenfieber. Der Auftritt, das Kundengespräch, der Termin beim Chef ist noch Tage entfernt, doch schon jetzt hat man feuchte Hände und ein ungutes Gefühl im Magen, sobald man nur daran denkt. Der Körper reagiert auch auf die reine Vorstellung! Und wie.

Der Desaster-Film löst im Körper Streß aus. Und Streß hat immer eine ganz eindeutige Folge. Man ist nicht mehr kreativ, überlegt und sympathisch, sondern blockiert. Also entweder aggressiv oder defensiv. Im Endeffekt schaltet der Desaster-Film also

- den gesunden Menschenverstand ab. Man fragt sich nicht mehr: Was ist der Situation angemessen? Man haut einfach drauf oder verkriecht sich. Bestes Beispiel: Termindruck und Stau auf der Autobahn. Reaktion: Man klebt dem Vordermann an der Stoßstange. Angriff! Anstatt auf den nächsten Parkplatz zu fahren und telefonisch die Verspätung anzukündigen. Das wäre der Situation angemessen. Denn bei Stau kann man ja eh nichts machen. Doch im Streß denkt man nicht vernünftig. Man ist blockiert.

- die Kreativität ab. Da man den drohenden Projektabsturz immer wieder vor dem geistigen Auge sieht, fällt einem nur noch eines ein: Try harder! Noch mehr Überstunden! Dabei gäbe es viel bessere Lösungen. Doch diese sieht man nicht, weil der Streß die Perspektive zum Tunnelblick verengt. Nach der Katastrophe fällt es einem wie Schuppen von den Augen: «Warum hast du nicht mich gefragt? Ich hätte dir geholfen!» «Huch, entschuldige, aber ich war so im Streß, daß ich nicht mal daran denken konnte!»
- die Synergie ab. Es gibt Unternehmen, die alles fünfmal erfinden, weil die Leute vor lauter Streß mit einem solchen Tunnelblick durch die Gegend laufen, daß sie nicht bemerken, wie die Nachbar-Projektgruppe bereits ein ähnliches Projekt verfolgt – obwohl man täglich an deren Werkstatt vorbeiläuft!
- die Wahlmöglichkeiten aus. Der Film zeigt nur diese eine Möglichkeit, die man für die Wahrheit hält. Das ist aber logisch unmöglich. Es gibt immer mehrere Möglichkeiten. Doch diese sieht man nicht mehr, wenn man vor der falschen Leinwand sitzt. «Ich habe keine Wahl!» Das setzt unter Druck. Obwohl es viele Möglichkeiten gibt.

Tatsächlich löst der falsche Film eine Kettenreaktion aus, die uns total blockiert. Am Ende weiß man nur noch: «Das läuft ja alles so schrecklich schief!» Daß daran der falsche Film schuld ist, der ganz zu Anfang lief, das merkt man kaum noch. Umgekehrt führt der richtige Film zu einer Kettenreaktion des Erfolgs. Da man den Erfolg schon vor dem geistigen Auge sieht, bleibt man locker, ist offen für ungeahnte Hilfen, für Synergien, kreative neue Ansätze – und bei diesen Voraussetzungen ist der Erfolg schon nicht mehr zu verhindern. Deshalb ist es so wichtig, sich den richtigen Film zu basteln.

Wie komme ich zum richtigen Film?

Wenn Ihr alter, blöder Film schon hundertmal lief, kostet es eine Riesenüberwindung, ihm den Saft abzudrehen und einen neuen anzufangen. Alte Gewohnheiten sind uns halt lieb – und teuer! Wenn der alte Film also schon hundertmal lief, muß der neue mindestens 101mal laufen oder viel intensiver, bestärkter und belohnter laufen, um den alten zu übertönen. Ganz los wird man den alten auch nicht. Aber das ist auch nicht nötig. Er darf ruhig ab und zu aufflakkern, solange der neue immer wieder wiederholt wird.

«Jetzt schau ich mir meinen positiven Film a,n und die Sache ist geritzt.» Eben nicht. Einmal ist keinmal. Filmemachen ist harte Arbeit, bis der neue Film zur Gewohnheit wird. Wir kennen das aus dem Hobby-Sport. Wenn wir jahrelang den Tennisschläger so gehalten haben oder den Volleyball so gespielt haben und jetzt ein neuer, guter Trainer sagt: «Nicht gut. Schau, so geht's doch viel besser», dann kommen wir uns bei den ersten Versuchen wie die Idioten vor. Das fühlt sich alles total falsch an und führt auch zu keinem Ergebnis. Dann sagt man gerne: «Ach was, das klappt doch nicht. Das kann ich nicht. So gut ist die neue Technik auch nicht.» Aber das ist Unsinn. Die alte Technik hat man tausendmal angewandt – da kann die neue Technik doch nicht schon nach siebenmal funktionieren! Aber in dieser Hinsicht ist das Gehirn falsch gepolt: Es bewertet Vertrautes als richtig und Neues als falsch. Wie falsch das ist, merken wir, wenn wir es einfach mal versuchen und die neue Technik mehrmals durchziehen. Sobald wir den neuen Schlag fünzigmal gemacht haben, fragen wir uns, wie wir das früher mit der alten Technik überhaupt so weit gebracht haben!

Am Anfang holpert der neue Film gewaltig. Aller Anfang ist schwer. Menschen, die umgezogen sind, ertappen sich immer wieder dabei, wie sie die erste Zeit noch ganz automatisch von der Arbeit zur alten Wohnung fahren. Reine Gewohnheit. Das muß man sich auch erst abgewöhnen. Richtiger: Man muß den neuen Weg zur Gewohnheit machen. Indem man es immer wieder übt.

Sobald man sich überwunden hat, dem Neuen einmal, zehnmal, zwanzigmal eine Chance zu geben, dreht sich die ganze Sache um. Die neue Gewohnheit verstärkt sich jetzt plötzlich selbst. Wir sehen, daß die neue Technik zum Erfolg führt, dieser Erfolg belohnt uns (wenn wir ihn lassen, s. Kapitel 3) und beflügelt uns, bei der neuen Technik zu bleiben, die bald auch zur Gewohnheit wird und nun ihrerseits vom Gehirn gegen alles Neue verteidigt wird. Irgendwann ist der alte Desaster-Film vergessen, und wir sitzen begeistert vor dem neuen Erfolgsfilm und halten ihn für den einzigen Film, den es gibt. Daher ist es so wichtig, daß Sie sich den richtigen Film und die richtige Tonspur zu einer richtigen, echten Gewohnheit machen: Erfolg ist tatsächlich nur Gewohnheitssache. Wer die Arbeit investiert, sich den richtigen Ton und das richtige Bild zur Gewohnheit zu machen, wird mit Erfolg belohnt.

Vergleich mit dem Falschen

Der russische Schriftsteller Fjodor Michailowitsch Dostojewski, den Friedrich Nietzsche für den größten Psychologen aller Zeiten hielt, läßt in seinem Werk «Die Dämonen» einen der Handelnden sagen: «Alles ist gut ... Alles. Der Mensch ist unglücklich, weil er nicht weiß, daß er glücklich ist. Nur deshalb. Das ist alles, alles! Wer das erkennt, der wird gleich glücklich sein, sofort, im selben Augenblick ...» Dunkel sind der Worte Sinn? Schauen wir uns drei Beispiele an.

Karl, 40, steht im Sportstudio vor dem Spiegel und betrachtet seinen «Kesselumfang», wie es in Studiokreisen heißt. Es wurmt ihn, daß er zwar beruflich erfolgreich ist, aber eben auch aussieht wie ein typischer deutscher Vorgesetzter. Träge und unsportlich.

Steffi ist Produktmanagerin in einer Konzernzentrale. Gerade ruft die britische Niederlassung an. Sie quält sich mehr recht als schlecht durch das Gespräch und ist danach nervlich fertig: «Mit meinen Englischkenntnissen habe ich in einem Weltkonzern keine Chance, es ganz nach oben zu schaffen.» Frustriert geht sie nach

Hause und überlegt, wie es wohl aussieht, wenn sie in fünf Jahren immer noch auf Produktmanager-Ebene festklebt.

Gerd verhandelt mit seinem Boss über eine Gehaltserhöhung. Er hat ihm ganz klar gesagt: «Ich will eine Sechs als erste Ziffer.» Der Chef rückt 500 DM monatlich mehr heraus. Gerd ist ziemlich frustriert: «Offensichtlich bin ich es ihm nicht wert. Ich sollte mich nicht mehr so verausgaben. Hier bringe ich es doch nicht weiter.»

Karl, Steffi und Gerd hatten einen schlechten Tag. Und nicht nur das. Alle drei haben einen Mißerfolg einstecken müssen, der ihnen noch lange im Magen liegt und auch bald Wirkung zeigt. Karl kann seinen Anblick immer weniger ertragen und geht deshalb seltener ins Fitneßstudio. Steffi findet sich damit ab, es nie bis zur Senior- oder Group-Product-Managerin zu schaffen. Alle drei akzeptieren ihren Mißerfolg – alle drei unterliegen einem schweren Irrtum. Die drei erkennen den Irrtum nicht – dafür erkennen ihn alle anderen.

Als Gerd die Umkleide verläßt, sagt ein Sportkollege zum anderen: «Der Karl, unglaublich, hat im letzten halben Jahr über fünf Kilo abgenommen.» Steffis Vorgesetzte ist beeindruckt: «Jedesmal, wenn die britische Niederlassung anruft, drücken sich sämtliche Manager. Nur die Steffi nimmt das Gespräch an. Der Brite will sie auf Biegen und Brechen zu sich holen. Aber das schafft er nicht. Vorher befördere ich sie so hoch, daß er sie sich nicht mehr leisten kann.»

Erfolg ist leichte, Mißerfolg ist harte Arbeit. Karl, Steffi und Gerd sind allesamt erfolgreich. Rein objektiv betrachtet. Trotzdem *glauben* sie, daß sie nicht erfolgreich seien. Und mit dieser Einstellung sind sie es bald auch nicht mehr. Die Sabotagetechnik heißt: Vergleich mit dem Falschen.

Wenn ein einssiebzig großer 100-kg-Mann endlich die heroische Entschlußkraft aufbringt, abzunehmen, nach einem halben Jahr tatsächlich nur noch 80 kg wiegt, sich dann vor den Spiegel stellt und seine Bauchmuskeln mit denen von Arnold Schwarzenegger vergleicht – dann kann er sich gleich die Rumkugel geben. Er *muß* sich als Gescheiterter empfinden. Wer sich als Englisch sprechende Deutsche mit einem Native speaker, einem geborenen Briten, vergleicht, muß schlecht abschneiden. Und wer erwartet, daß der Chef bei Gehaltsverhandlungen 6000 gibt, wenn man 6000 fordert, hat ein Rad ab. Wer in seinem Leben ab sofort keinen einzigen Erfolg mehr einfahren und fortan nur noch unzufrieden und unglücklich sein möchte, braucht nur ein einziges, simples Mißerfolgsrezept zu beachten: Wenn die Meßlatte nur astronomisch hoch genug liegt, ist der Mißerfolg garantiert. Wer sich mit Claudia Schiffer vergleicht, kann nie wieder Freude an der eigenen Figur empfinden. Wer sich als Investitionsgüterverkäufer mit Konsumgüterverkäufern und deren Absatzzahlen vergleicht, kann sich gleich einen Strick nehmen.

Aber genau das tun wir. Ständig. Wir vergleichen uns mit total bescheuerten Vergleichsgrößen – ohne es zu merken. Tatsächlich ist Karl einer der bestaussehenden Vierziger im Studio. Natürlich sieht er nicht mehr aus wie 20. Aber was will eine intelligente Vierzigerin auch mit einem Knaben, der Aretha Franklin für eine Basketballspielerin hält? Steffi spricht von allen europäischen Nicht-Briten unter den 400 Produktmanagern des Konzerns das beste Englisch. Gerd ist der einzige Controller in der Abteilung, der 5800 DM verdient. Und alle drei sind unzufrieden oder fühlen sich gar als Versager. Da fällt einem doch das Blech ab. Der Erfolg verfolgt uns, aber wir sind schneller.

Es mag angehen, daß man mal einen Erfolg übersieht. Doch die Folgen sind enorm: Mißerfolg zieht Mißerfolg nach sich. Wer sich heute für Erfolg nicht belohnt, wird morgen keinen haben. Wir übersehen nicht nur den heutigen Erfolg, wir machen uns damit auch das künftige Leben schwer. «Everyone's a winner», sangen Hot Chocolate. Stimmt. Nur gibt es welche, die das nicht sehen, weil sie die Vergleichsbrille aufhaben – und es nicht merken. Wenn Sie also in irgendeinem Bereich Ihres Lebens unzufrieden sind, fragen Sie sich:

- Warum bin ich unzufrieden?
- Ist die Leistung oder der Zustand objektiv schlecht?
- Oder vergleiche ich mich unbewußt mit etwas oder jemandem?

- Kann ich mir diesen Vergleich bewußt machen?
- Was ist mein unbewußter Maßstab?
- Wie realistisch ist dieser?
- Was wären realistische Maßstäbe?

Besser noch, Sie lassen einige dieser Fragen ständig mitlaufen. Denn ständig handeln wir, ständig beurteilen wir dieses Handeln. Und wenn der Overkill-Vergleich ständig mitläuft, fühlen wir uns ständig unterschwellig unzufrieden. Die Effekte dieser Kontrollfragen sind ähnlich weittragend wie beim Erfolgstagebuch. Steffi zum Beispiel sagt: «Als mir bewußt wurde, mit wem ich mich ständig vergleiche, sah ich zum ersten Mal, wie gut ich eigentlich bin – ohne es je gesehen zu haben!» Der Erfolg ist da. Täglich, stündlich. Wir müssen ihn wahrnehmen – und uns dafür belohnen –, sonst ist er bald nicht mehr da.

Denkblockaden und Dissoziation

In einem Bürohochhaus in Manhatten fiel an einem Freitagnachmittag ein Stromkreis aus. Da fast alle schon zu Hause waren, wurde der Ausfall erst am Samstagmorgen bemerkt. Der Wachdienst hörte zufällig die Klopfzeichen eines im Lift eingeschlossenen Managers. Er hatte eine Nacht in einer Einzelzelle verbracht, deren Enge man keinem Gefangenen zumuten würde. Er war nervlich ziemlich angegriffen. Doch der größte Schock stand ihm noch bevor, als er sah, wie der Wachmann die Aufzugstür mit bloßen Händen aufstemmte: Der Aufzug hatte eine Mechanik, die ihn bei Stromausfall automatisch per Notstrom zum nächsten Stockwerk hinabließ und die Tür entriegelte.

Der Manager hätte bloß die Tür aufdrücken und aussteigen müssen. «Jesus!», rief er frustriert, «warum bin ich da nicht draufgekommen?» Ja, warum nicht? Weil unser Gehirn unter Streß nicht funktioniert. Man kann sich gut ausmalen, wie der Manager gefangen im Aufzug festsaß, sich vorstellte, wie er das Date mit der netten Kollegin verpaßt, das Spiel der Giants nicht ansehen kann und ihn allein diese Gedanken immer nervöser machten – bis er keinen klaren Gedanken mehr fassen konnte. Ein alltägliches Phänomen:

- Der Chef ruft: «Kommense mal rein! Ich hab ein Wörtchen mit Ihnen zu reden!» Spontane Streßreaktion: «Oje. Nicht schon wieder!» Prompt reagieren wir falsch: Wir erdulden stumm die Tirade (Flucht) oder lassen uns auf eine sinnlose Brüllpartie ein (Kampf). Hinterher fallen uns die sachlichen Argumente ein, mit denen wir die Situation hätten souverän entschärfen können.
- Nach dem Bewerbungsgespräch, nach dem Erstgespräch mit dem wichtigen Kunden, nach der Präsentation, nach dem ersten Date mit dem Märchenprinzen/der Traumfrau fällt uns ein, was wir unter keinen Umständen hätten sagen sollen, was wir auf jeden Fall hätten sagen sollen – aber wir taten es nicht.

Warum fällt uns so was immer erst hinterher ein? Weil wir unter Streß nicht klar denken können. Folge: Wir sehen nur die Wolken (stecke im Aufzug fest), nicht den Silberstreif am Horizont (Notausstieg?). Unter Streß verlieren wir den Überblick. *Hinterher* ist uns alles völlig klar. Im Urlaub sagen wir: «Eigentlich war das alles gar nicht so schlimm.» Oft ist die Blockade auch schon am nächsten Wochenende verflogen. Sobald man räumlich oder zeitlich etwas Abstand gewinnt, ist die Denkblockade weg: das Universalrezept gegen Streß.

Dieses Rezept wenden wir täglich automatisch an. Wenn die Sitzung feststeckt, stehen wir auf und machen das Fenster auf. Wenn der Druck im Büro zu groß wird, gehen wir kurz raus in die Kaffeeküche oder eine rauchen oder machen am Wochenende einfach Spontanurlaub. Wir wissen instinktiv, was bei Streß hilft: raus, abschalten, Abstand gewinnen. Danach kann man wieder klar denken, und oft kommen einem nach dem Abschalten die besten Ideen. Wir setzen es leider nur nicht bewußt ein. Wenn das Meeting sich seit drei Stunden im Kreis dreht, wenn wir seit Tagen am selben Problem festsitzen und nicht weiterkommen, wenn wir also dringend Abstand brauchen – was machen wir? Wir hängen noch zwei Stunden dran, verbeißen uns noch fester und versuchen es noch krampfhafter, wodurch die Blockade noch stärker wird. Wir alle kennen Streßunterbrecher wie den Urlaub oder das rosa Wochenende. Jeder kennt sie, jeder kann sie anwenden. Nur sind sie oft zu langsam, zu unbewußt und unpraktikabel. Wir können nicht jedesmal, wenn es stressig wird, drei Wochen in Urlaub fahren. Wir brauchen die Streßunterbrechung schneller, bewußter und einfacher. Und das kann man lernen:

1. Schnellere Wahrnehmung. Wer den Streß ausknipsen will, muß ihn erst mal erkennen. Das ist nicht so leicht, wie sich das anliest. Wer auf Streß mit Kampf reagiert, hat es etwas einfacher: «Brüll nicht so rum!» – «ICH BRÜLLE NICHT RUM!!! O hoppla, hast ja recht.» Aggression ist leicht zu entdecken (wenn auch nicht vor anderen zuzugeben). Ganz leicht an den Körpersignalen: feuchte Hände, Druck im Bauch, flacher Atem, Kopfschmerz ... Vorsicht, Streßfalle droht! Wer diese schwachen Signale früh erkennt, kann den Streß unterbrechen, solange er noch klein ist (Schritt 2. Streß unterbrechen). Wichtig ist, daß Sie lernen, auf solche schwachen Signale zu achten, und lernen, darauf mit Schritt 2 zu reagieren. Sie wissen ja, wieviel oder besser wie wenig nötig ist, um etwas Neues dauerhaft zu lernen: 7+/–2 (s. weiter vorne S. 74).

Schwerer haben es Menschen, die auf Streß defensiv reagieren: «Oh, das sieht nicht gut aus. Das wird hart.» Man glaubt wirklich, daß es hart wird. Dabei stimmt es gar nicht. Es ist nur eine Streßreaktion. Viele Menschen erkennen das aber nicht mehr, weil sie die ungünstige Streßreaktion auch noch gegen Abhilfen immunisieren mit Aussprüchen wie: «Ist eben so. Das Leben ist hart. Job ist Job und Schnaps ist Schnaps. Meine Mitarbeiter sind eben alle aufsässig und faul.» Das stimmt eben nicht, und das findet man am schnellsten heraus, indem man sich selbst beim Wort nimmt und zurückfragt: *Alle* Mitarbeiter? Und das ganze Leben ist hart? Sofort schaltet sich der gesunde Menschenverstand wieder ein. Es gibt gute Tage und schlechte Tage, fleißige und aufsässige Mitarbeiter, blöde Projekte und schöne Projekte.

Normalerweise ist alles im Leben normal verteilt. Es gibt zum Beispiel wenig hochintelligente, wenige sehr dumme und viele durchschnittlich intelligente Menschen. Die Extreme liegen jeweils ungefähr zwischen 5 und 20 Prozent Wahrscheinlichkeit. Wer also mehr als 20 Prozent schlechte Minuten am Tag, Montagsautos, Flop-Projekte oder böse Mitarbeiter sieht, sieht nicht die Realität, sondern hat einen streßbedingten Knick in der Optik. Unter Streß findet man eben *alles* besch... Wenn man also den Eindruck hat, daß die 20-Prozent-Marke überschritten wurde, ist der erste Schritt zur Streßunterbrechung, sich genau das einzugestehen: «Ich fühle mich im Streß. Ich fühle den Druck.» Dann ist es nicht länger «das Leben» oder «die bösen Mitarbeiter». Dann ist es der Streß – gegen den ein Kraut gewachsen ist. Es wird Zeit für Schritt 2.

2. Streß unterbrechen. Was wir täglich unbewußt machen, müssen wir ganz bewußt tun: aufstehen, abschalten. Wie schwierig das ist, merken wir, wenn wir wirklich mal abschalten wollen und es nicht funktioniert. Wir kommen nach einem frustrierenden Bürotag heim und knipsen zur Ablenkung den TV an. Nach zehn Minuten merken wir, daß wir von unserer Lieblings-Soap-Opera nichts mitbekommen, weil im Kopf immer noch der Film läuft «Mein Chef, das Scheusal». Wir können einfach nicht abschalten. In dieser Situation ist eine gute Eigenwahrnehmung Gold wert. Jeder Mensch hat Tätigkeiten, bei denen er *garantiert* abschalten kann. Das Problem ist nur: welche sind das bei mir?

Wir nehmen das meist nicht bewußt wahr. Aber wir merken doch irgendwann, daß wir beim Autofahren, beim Joggen oder Tennisspielen überhaupt nicht, mit keinem Gedanken an den Job, an das Projekt oder an unsere Alltagssorgen denken. Wir können dabei vollständig abschalten. Sportliche Aktivitäten sind zum Beispiel hervorragende Unterbrecher. Oder andere Aktivitäten, in denen man ganz aufgeht: Lesen, Musikhören, Meditieren, Wegfahren, sich mit anderen Menschen beschäftigen ... Welche Tätigkeiten erlauben es Ihnen, vollständig abzuschalten?

Wenn Sie Ihre ganz speziellen Unterbrecher entdeckt haben, ist Streß für Sie kein Problem mehr. Sie können ihn dann jederzeit unterbrechen. Am Wochenende oder abends oder mitten in der Alltagshektik. Einige dieser Sofort-Unterbrecher sind: aufstehen und ein bißchen herumgehen, die Sitzung für fünf Minuten Abkühlung (Ausrede: «Raum mal lüften») unterbrechen, sich für zwei Minuten entschuldigen, sich in eine andere Abteilung «abseilen», kurz über den Hof gehen ... Unterbrecher gibt es genug. Solange man sie benutzt, um den Streß abzuschütteln und wieder klaren Kopf zu bekommen, sind sie okay. Sobald man sie benutzt, um sich vor dem Problem zu verstecken und beim Gang über den Hof eben doch wieder ständig daran zu denken, hat man den falschen Unterbrecher erwischt.

Übrigens, vergessen Sie die Ventil-Theorie: «Wenn ich im Streß bin, muß ich mich abreagieren. Ich muß herumbrüllen. Danach fühle ich mich besser.» Stimmt, Sie fühlen sich besser, aber Sie denken nicht besser. Herumbrüllen erleichtert zwar, aber es macht den Kopf kein bißchen klarer. Wer brüllt, kann nicht denken. Siehe Boris Becker. Früher brüllte er nach einem versiebten Schlag herum und versiebte drei nachfolgende. Heute läßt er sich vom Balljungen einen Ball geben und zieht den versiebten Schlag in aller Ruhe zur Probe übers Netz. Er läßt nicht Dampf ab, er unterbricht den Streß und schaut, woran's lag (s. 4. Die Lösung sehen).

3. Neben sich treten. Man kann sich nicht immer einen Probeball geben lassen. Man kann nicht immer aufstehen, herumlaufen oder das Fenster aufmachen. Am Telefon geht das schlecht. Oder beim Kundenbesuch, beim Vorstellungsgespräch oder beim Chef. Trotzdem kann man auch hier den Streß unterbrechen. Sicher ist Ihnen auch schon passiert, daß Sie «neben sich getreten» sind, sich selbst reden hörten, als hörten Sie einer anderen Person zu. Sich gefragt haben: Was rede ich denn da? Was tue ich hier überhaupt? In diesem Zustand war der Streß gebrochen. Sie hatten automatisch genügend Abstand. Sie waren ganz ruhig. Nichts kam an Sie heran. In diesen Zustand der – auf Fachchinesisch – Dissoziation (innerer Abstand vom Geschehen) kann man jedoch nicht nur unbewußt kommen. Sie können auch ganz bewußt in diesen Zustand treten. Es ist wie mit der Atmung. Meist ist sie unbewußt. Man kann aber auch ganz bewußt atmen.

Mit diesem Neben-sich-Treten ist ein ganz bestimmtes Gefühl der Distanz, der Ruhe, der Übersicht verbunden. Wir verspüren es automatisch, wenn wir uns dabei ertappen, wie wir uns selbst zusehen und zuhören. Und über dieses Gefühl der Distanz können wir auch jederzeit in diesen Zustand eintreten. Versuchen Sie's mal. Erinnern Sie sich an dieses Gefühl der Distanz. Sie werden erstaunt sein, wie schnell Sie bei jeder x-beliebigen Gelegenheit buchstäblich auf Distanz gehen können.

Es kann sogar richtig Spaß machen, in ein und derselben Situation zwischen Mittendrin und Distanz hin- und herzuspringen. Bei freudigen Ereignissen fällt es einem meist leichter. Man ist mittendrin, freut sich mit und plötzlich steht man neben sich: «Eigentlich kindisch, eine Bagatelle so zu bejubeln.» Die Freude, die Wohlfühlhormone sind schlagartig verschwunden, man wird tatsächlich nüchtern. Dann springt man wieder mitteinrein: «Aber doch toll, was wir erreicht haben.» Eigentlich ganz erstaunlich, wie wir unsere Gefühle selbst zum Besten steuern können. Was wir fühlen, Glück oder Unglück, Frust oder Freude, ist buchstäblich unsere eigene Wahl. Wir können das eine oder das andere haben – wenn wir wissen, wie wir das andere holen können. Probieren Sie es. Nein, machen Sie aus diesem Hin- und Herspringen Ihre Streß-Unterbrechungs-Gewohnheit. Sie wissen ja jetzt, wie man nützliche Verhaltensweisen zu Gewohnheiten macht (sieben plus/minus zwei Wiederholungen, s. vorne).

Es empfiehlt sich, diese Sprungübung öfters zu machen. Wer an Bagatellen übt, ist auch auf große Streßoren vorbereitet. Wer im kleinen übt, behält auch im großen sein Pokerface und seine innere Ruhe. Wer bereits total aufgewühlt ist, hat es sehr schwer zu üben, wie man auf Distanz geht. Natürlich erschwert uns auch hier der Sekundärgewinn (s. Kap. 2) das Umsetzen der Erfolgstechnik. Wer als Boss bei Streß herumbrüllt, profiliert sich als Löwe des Managements. Wer ganz cool dasitzt und wie Kasparow 17 Züge im voraus denkt, kann leicht als Weichei mißverstanden werden. Auch deshalb sind viele Manager permanent so gestreßt. Nur ein gestreßter Manager ist ein «richtiger» Manager. Auch die defensive Streßreaktion hat einen versteckten Sekundärgewinn: die Passivität des Opfers. Wer sich vom Strom der Ereignisse mitreißen läßt, kommt erst gar nicht auf die simplen Lösungen, die ihn aus seiner Zwangslage befreien würden – und muß sie nicht umsetzen. Sich mitreißen zu lassen ist bequemer als anzupacken.

Um den heimlichen Sekundärgewinn zu enttarnen, genügt es schon, wenn Sie sich fragen: Warum hänge ich wieder die Zunge raus? Warum hechle ich irgendwelchen Terminen hinterher? Warum bin ich im Streß? Was nützt mir das heimlich? Dann können Sie immer noch entscheiden: Streßmachen ist hier besser – der Vorgesetzte schaut zu und macht selbst Streß! Oder: Nö, das ist es mir nicht wert. Streßmachen ist zwar ganz nett, aber heute habe ich die Nase voll davon. Also wo liegt die Lösung?

4. Die Lösung sehen. Das wirklich Wunderbare und beinahe Magische an der Dissoziation ist, daß es einem buchstäblich wie Schuppen von den Augen fällt. Daher kommt die Redewendung! Man tritt kurz mal neben sich – und mit einem Schlag ist alles klar, was vorher unklar war. Die Probleme, die einem eben noch höllisch zusetzten, werden plötzlich ganz klein. Als ob man sie aus der Distanz eines Urlaubes betrachtete. Oder sich mit 30 an die eigenen Teenagerprobleme erinnere: «Niedlich, worüber man sich früher aufregte!» Das Desaster-Domino wurde gestoppt. Jetzt blockiert der Streß nicht mehr unser Hirn. Jetzt sehen wir wieder klar. Und in diesem wunderbaren Zustand der Erleuchtung, der Erkenntnis, der Erlösung vom Druck ist es wichtig, daß Sie sich ans Zielsetzen, Tonspurziehen und Filmfertigen erinnern. Denn sobald Ihnen die Lösung wie Schuppen aus dem Haar fällt, kommen auch schon die alten Saboteure hoch: «Jaja, aber das funktioniert nicht. Das geht in der kurzen Zeit nicht. Das habe ich noch nie gekonnt ...» Bringen

Sie die Saboteure zum Schweigen. Fassen Sie ein smartes Ziel, und drehen Sie Ihren Tonfilm zum Erfolg.

Wenn Sie einen stressigen Job haben (Hausfrau, Manager, Mutter, Projektleiter, Verkäufer ...) und Ihre Unterbrecher einsetzen, werden Sie zwei erstaunliche Entdeckungen machen. Erstens, das funktioniert tatsächlich. Zweitens, in den Worten eines Seminarteilnehmers beim Nachfolgetag: «Ich komme mir vor wie ein Jagdflieger, der der feindlichen Flak ausweicht. Ich schlage Haken wie ein Verrückter.» Bislang saß er still da und ließ sich stündlich abschießen oder brüllte dazwischen öfters kräftig herum. Am Abend half oft nur noch der Manager-Cocktail: Rotwein und darauf ein Valium. Heute unterbricht er konsequent jeden Stressor. Und da er einen sehr streßigen Job hat, passiert das fast ständig. Genauer: «Jede Stunde mindestens einmal. Ich komme mir vor, als ob ich zwei Jobs hätte. Meinen Job und fit für meinen Job zu bleiben.» Da hat er etwas sehr Wichtiges erkannt. Wer Job 2 nicht richtig macht, kann auch Job 1 nicht richtig machen. Es macht zwar mehr Mühe, den zweiten Job zu machen und seine Unterbrecher zu setzen, als sich auf Job 1 zu konzentrieren und Chicken-Management zu betreiben: gestreßt herumrennen und gackern. Aber es lohnt sich viel mehr, beide Jobs gleichzeitig zu tun. Es macht zufriedener bei der Arbeit. Es macht erfolgreicher. Und es macht glücklich.

Auf der Suche nach dem Frame

Sie erinnern sich an die zwei Schuhfarbiken in Burundi? Der zweite macht eine Schuhfabrik auf. Vielleicht wird sie nach einer Woche von einem Erdrutsch verschüttet. Vielleicht wird der Mann reich jenseits seiner kühnsten Träume. Das ist nicht garantiert. Aber garantiert ist eines: Sein Kollege, der wieder in Deutschland sitzt, kann in Burundi kein Vermögen machen. Garantiert nicht.

Ist das nicht eine phantastische Gabe? Die Dinge nicht so zu sehen, wie sie uns deprimieren, sondern so, daß wir buchstäblich das Beste aus jeder gegebenen Situation machen? Eine unglaubli-

che Fähigkeit. Wer diese Fähigkeit besitzt, der muß ganz einfach Erfolg haben. Es geht nicht anders. Und eigentlich hat jeder von uns diese Fähigkeit. Wir wenden sie meist nur ganz unbewußt an.

Alltägliches Desaster: Man trennt sich vom Partner. Frust, Enttäuschung, Panik: «Ob das je wieder was wird? Alle Männer/Frauen sind doch im Grunde gleich.» Man bläst zwei Wochen Trübsal, ist zwei Wochen zynisch, sucht zwei Wochen verzweifelt nach einem neuen Partner und vertreibt alle Kandidaten, weil diese die Verzweiflung riechen. Nach weiteren zwei Wochen hat man die Nase voll. Man beginnt die Stille zu genießen. Keiner spielt mehr Techno. Endlich ist dieser blöde Sportwagen aus der Garage. Beim Frühstück ungestört Zeitung lesen. Abends die Soap-Opera ohne bissige Kommentare anschauen. Und plötzlich ist alles nicht mehr so schlimm. Man hat die Vorteile des Single-Daseins entdeckt. Man hat gelernt, damit zu leben. Man *muß* nicht länger einen neuen Partner finden. Und weil der Zwang weg ist und man wieder so locker und sympathisch ist wie früher, findet man, ratzfatz, ganz schnell wieder einen.

Was Hunderttausende Stroh-Singles auf der ganzen Welt ganz unbewußt machen – und was uns täglich bei anderen Gelegenheiten ebenso unbewußt passiert –, können wir auch ganz bewußt einsetzen. Dann dauert der Katzenjammer nicht fünfmal zwei Wochen! Statt in einer Situation das Hinderliche, Blöde, Stressige, Unabänderliche zu sehen und uns dadurch selbst zu sabotieren, können wir den Blick *sofort* auf etwas richten, das uns weiterbringt. Man nennt das Reframing: das Bild (der Sachverhalt) bleibt dasselbe, wir wechseln nur den Rahmen (frame), also den Blickwinkel. Wenn uns etwas stinkt, demotiviert, frustriert oder aufhält, wie zum Beispiel das Budget aufstellen, Hemden bügeln, eine Rede vor 200 Leuten halten oder eine Aufgabe angehen, die noch nie ein Mensch zuvor angegangen ist, dann ist nicht die Aufgabe blöd, demotivierend oder frustrierend, sondern ein ganz gewisser Aspekt daran:

«Budget ist doof – ich hasse Zahlen!»

«Bügeln ist blöd – total stupide Arbeit.»

Doch eine Aufgabe, ein Ereignis oder ein Mensch hat nie nur eine Eigenschaft. So eindimensional ist das Universum nicht, leider oder zum Glück. Ein einziges Ding hat immer viele Eigenschaften. Uns regen oder halten meist nur einige wenige Merkmale einer Sache oder eines Menschen auf: «Allein sein! Pff, was fang ich mit mir an?» Dieser negative Tunnelblick verhindert den Erfolg. Sobald der Tunnelblick auf das fällt, was einen aufbaut («Herrlich, diese Stille!»), wendet sich langsam aber sicher alles zum Guten. Man nennt diese Art Fokus-Wechsel:

Content-Reframing: Suche an einer Aufgabe, einem Ereignis, einem Menschen, was dir nützt, und konzentriere dich darauf.

Content ist englisch für Inhalt. Content-Reframing hat nichts mit plattem positivem Denken zu tun, wie es oft mißverstanden wird. Es geht mir eigentlich dreckig, aber ich sage mir: «Es geht mir gut!»

Das glaubt der innere Skeptiker nie. Man soll sich nicht selbst für dumm verkaufen. Man muß schon so lange suchen, bis einem eine überzeugende Eigenschaft an der fraglichen Sache auf- und einfällt. Das ist nicht immer einfach. Manchmal ist man wie vernagelt und kann sich nicht vorstellen, wie man aus einem Unglück einen Vorteil gewinnen kann. Aber er ist da, immer. Man muß ihn nur ausdauernd genug suchen.

Wer sich nicht unterkriegen läßt, findet selbst in scheinbar ausweglosen Situationen noch einen Frame, der zum Erfolg führt. Der beste Verkäufer einer Firma wurde zum Verkaufsleiter ernannt. Das Schlimmste, was ihm passieren konnte. Er war Verkäufer mit Leib und Seele. «Führungskram» war ihm verhaßt. Als ihn ein halbes Jahr nach seiner Beförderung ein alter Schulkamerad überaus erfolgreich in seinem verhaßten Job fand, fragte er verdutzt: «Ich denke, du haßt den ganzen Psychoquatsch bei der Führung?» Darauf die frischgebackene Führungskraft: «Aber ich mache keinen Psychoquatsch. Führen ist nichts anderes als Verkaufen. Früher habe ich Produkte verkauft, jetzt verkaufe ich Konzepte, Verkaufsziele und neue Ideen!» Und da er ein guter Verkäufer war, «verkauft» er auch seinen Mitarbeitern gut. Er weist nicht an, sondern überzeugt sie, bis sie das «Produkt» selbst nachfragen.

Als der Texter einer Agentur plötzlich zum Kreativleiter ernannt wurde, war er völlig überrollt. Bis er entdeckte, «daß das überhaupt nichts Neues ist. Ich versuche immer noch, die richtigen Worte zu finden. Jetzt eben in Verhandlungen, Konzepten und Verträgen. Da ist kein prinzipieller Unterschied.» Oft erscheinen uns Außenstehenden diese Reframings als willkürlich und erzwungen. Aber darauf kommt es nicht an. Es kommt darauf an, ob sie subjektiv glaubwürdig sind. Ob der Reframende voll und ganz daran glaubt – und welchen Effekt das Reframing hat. Alles, was mich von einem Superverkäufer zu einer Superführungskraft macht, muß wohl richtig sein. Ein Reframing dreht Menschen oft um 180 Grad um. Es wendet ihre Einstellung, ihre Motivation und ihr Schicksal. Wer den richtigen Frame hat, kann alles erreichen. Wer den falschen im Kopf hat, braucht es gleich gar nicht zu versuchen. Erfolg beginnt im Kopf.

Evelyn war auf dem Weg zu einer Präsentation, als ihr Wagen mitten in der Pampa liegen blieb. Sie wußte, daß sie den Auftrag und wahrscheinlich ihren gutbezahlten, aber feuergefährlichen Topmanagerinnen-Job verlieren würde, wenn sie nicht gegen ihre Mitbewerber präsentieren konnte. Sie erzählt: «Ich sagte mir: Ich kann denken, daß dies das Ende meiner Karriere ist. Ich kann aber auch denken: Wenn ich dieses Desaster cool überstehe, meinen Humor nicht verliere und vielleicht einen passablen Ausweg finde, wirft mich nichts mehr um. Dann bin ich aufs Schlimmste vorbereitet.» Ihr cholerischer Chef feuerte sie tatsächlich. Aber sie stand auf wie ein Stehauf-Männchen. Es war nicht das Ende ihrer Karriere. Im Gegenteil. Sie war vorbereitet. Reframing kann vielleicht nicht den heutigen Erfolg garantieren, aber den morgigen. Menschen, die permanent gut gelaunt sind, haben kein Glücksgeheimnis. Sie haben einen Reframing-Autopiloten im Kopf: Allem, was Ihnen passiert, gewinnen sie automatisch die beste Seite ab. Gehen wir einen Schritt weiter im Reframing und schauen wir uns einige Beispiele an:

Thomas findet seine Partnerin gräßlich eifersüchtig und leidet unter ihren ständigen Nachstellungen.

Susi ist furchtbar nachtragend. Wer ihr einmal krumm kam, den schneidet sie monatelang.

Peter ist ein ziemlicher Pedant. Sein Chef sagt über ihn: «Am liebsten würde der jede Schraube einzeln nachziehen – und das am besten zweimal.»

Luises Agentur erlebt gerade einen Umsatzeinbruch sondergleichen. Sie fürchtet um ihre Existenz.

Und hier beginnt normalerweise der Abstieg zur Hölle. Peter zum Beispiel weiß, daß er es zu genau nimmt. Sobald er länger als 20 Minuten an einer Maschine repariert, bekommt er deshalb ein schlechtes Gewissen. Er will genau sein, aber er darf es nicht. Er möchte, aber er sollte nicht. Dieser ständige Zwiespalt macht ihn nervlich fertig. Inzwischen haßt er seinen einstmals geliebten Job.

Er kämpft gegen seine Pedanterie. Aber je stärker er dagegen ankämpft, desto stärker bricht sie durch. Actio = Reactio. Wir kennen das von allen Gewohnheiten, gegen die wir kämpfen, wie Rauchen, Faulenzen, nicht Aufräumen, Termine vertrödeln, Mitarbeiter zur Schnecke machen. Je stärker wir dagegen kämpfen, desto stärker brechen sie in unkontrollierten Augenblicken durch. Jedesmal, wenn wir denken «Du sollst doch nicht!» wird es nur noch schlimmer mit der Angewohnheit. Es wird richtig zwanghaft. Kampf ist Krampf. Kampf führt nicht zu Veränderungen, sondern zu Zwangshandlungen.

Irgendwann sagt Peter: «Okay, ich bin ein Pedant. Und wissen Sie was? Ich bin es gerne, weil ich eben so bin. Immerhin bin ich der einzige in der Arbeitsgruppe, der für extreme Detailarbeiten einsatzfähig ist. Aber ich bin nicht immer so. Ich kann auch mal fünfe grade sein lassen.» Sobald man nicht mehr kämpft, und damit Veränderung verhindert, sondern sich mit dem Bekämpften aussöhnt, wird Veränderung möglich. Das ist auch eine Art von Content-Reframing:

Entdecke im Bekämpften, Unangenehmen oder Bedrohenden das, was dir nützt, und versöhne dich mit dem Bekämpften.

Sobald man sich mit dem Bekämpften versöhnt, wird es nicht länger zur Zwangshandlung. Peter *muß* jetzt nicht mehr Erbsen zählen. Er kann es auch bleibenlassen, weil er jetzt weiß, daß es okay ist.

Thomas findet seine Partnerin nicht mehr eifersüchtig, sondern sieht nun, wie sehr er ihr am Herzen liegt, und nimmt mehr Rücksicht. Er provoziert nicht mehr ihre Eifersucht mit unnötigen Flirts.

Susi akzeptiert, daß sie nachtragend ist. Sie weiß, daß sie eben ein besseres Gedächtnis als viele hat und sich ganz einfach vor neuen Enttäuschungen schützen will. Und das ist ganz normal. Seit sie das weiß, ist ihr bewusst, wie stark sie sich schützen muß, und sie kann kleinere «Vergehen» schon mal rasch vergeben.

Luise fürchtet nicht länger um ihre Existenz. Sie weiß, daß sie für ein Jahr Reserven hat und in diesem Jahr endlich etwas für ihre eigene Weiterbildung tun kann, die in Hochkonjunkturzeiten gelitten hat. Und mit der neuen Qualifikation kommen auch neue Umsatzchancen.

Ferdinand ist ein gräßlicher Kontrolleti. Je stärker er sich befiehlt: «Sei nicht so mißtrauisch!», desto stärker kontrolliert er seine Mitarbeiter. Actio = Reactio. Und solange er den Frame «Kontrolleti ist schlecht!» beibehält, so lange wird er einer bleiben. Irgendwann macht er eine erstaunliche Entdeckung. Einige seiner Mitarbeiter, vor allem die genialen Chaoten, sind ihm echt dankbar, wenn er sie auf Übersehenes aufmerksam macht. Einige andere Mitarbeiter gehen an die Decke, sobald er ihnen nur über die Schulter schaut. Also ist der Kontrolleti nicht a priori schlecht, solange Ferdinand weiß, wo, wann und bei wem er es sein darf. Das, was Ferdinand unbewußt macht, kann man auch bewußt machen. Dann geht's schneller, und man muß nicht auf die geniale Erleuchtung warten:

Context-Reframing: Wo ist die leidige Eigenschaft nützlich? Pack sie dorthin, wo sie hingehört, und dort weg, wo sie nicht hingehört.

Evi macht sich Vorwürfe, weil sie ab und an ihr Kind anbrüllt. «Bin ich eine Rabenmutter?» Nein, jede Mutter darf ihrem Kind hinterherbrüllen, wenn sie es blind über die Straße rennen sieht. Im Gegensatz zu Susi hat Evi nämlich die Fähigkeit, ihre Überreaktion situationsgerecht einzusetzen (wo, wann, bei wem, s. vorne). Sie weiß, wann sie Brüllen muß und wann nicht. Susi brüllt schon, auch wenn der Kleine nur das Eis auf den Gehweg fallen läßt: Susi kann das Brüllen nicht reframen.

Jede Eigenschaft ist nützlich – im richtigen Zusammenhang. Die Frage ist lediglich: Bin ich in der Lage, den richtigen Kontext zu erkennen? Weiß ich, wann ich die Eigenschaft einschalten muß und wann ausknipsen? Zweifel zu haben ist wunderbar – wenn ich weiß, wann ich sie nutzbringend haben darf. Ein Schwarzseher ist ein Segen in jeder Projekt-Frühphase. Er fordert einen heraus, Sicherungen gegen Eventualitäten einzubauen. Jede Ihrer Macken, die Sie extrem dämlich finden, ist ein wahrer Segen – wenn Sie wissen, wann Sie sie einsetzen können. Reframen Sie den Kontext. Wie? Durch Bewußtheit und Training. Achten Sie einfach darauf, wann die fragliche Eigenschaft Segen bringt und wann nicht. Fragen Sie sich: War das eben situativ gerechtfertigt oder zwanghaft?

Achtsamkeit entwickelt sich über zwei Reifegrade. Zuerst werden Sie sich dabei ertappen, wie Sie die Eigenschaft in der falschen Situation anwenden. Dann werden Sie es bemerken, *bevor* Sie die Eigenschaft in der falschen Situation anwenden. Sobald Sie den zweiten Reifegrad erreicht haben, können Sie das Umschalten auf eine situativ gerechtfertigte Verhaltensweise trainieren. Sie kennen ja jetzt die Trainingsschwelle (s. vorne, 7+/–2).

Wenn Sie sich nicht damit abfinden, die Dinge so zu sehen, wie sie scheinbar sind, werden Sie einige Entdeckungen machen. Manchmal fällt uns der Reframe ganz spontan ein: «Ach, so schlimm ist das nicht, weil ...» Manchmal sind wir völlig vernagelt: «Also daran kann ich nun wirklich nichts Gutes entdecken.» Es ist aber da. Und je öfter man vorher an relativ belanglosen Alltags-Frames geübt hat, desto leichter fällt einem auch das Reframing, wenn einem das Wasser bis zum Hals steht. Außerdem gibt es Techniken, die Denkblockade aufzulösen. Erinnern Sie sich an eine Situation, der Sie beim besten Willen nichts Positives abgewinnen konnten: Beinbruch, Job verloren, Projekt gefloppt ... Die Auswahl fällt wohl keinem von uns schwer. Das war nur noch schlimm und ohne jeden Vorteil. Und nun drehen Sie den Spieß um. Wenn jemand anders in dieser Situation ist, fällt uns sofort etwas Positives ein. Beinbruch? «Da hast du endlich mal Zeit, deine Buchecke durchzuschmökern.» Komisch, bei anderen Leuten fällt uns der Reframe sofort ein. Und das ist das Rezept. Eigentlich lassen sich daraus gleich mehrere Rezepte ableiten:

1. Fragen Sie einfach einen Vertrauten nach dem Reframe: Fällt dir dazu was Positives ein?
2. In Ermangelung eines guten Freundes: Seien Sie sich selbst der beste Freund: Was raten Sie sich selbst? Dieses Rezept setzt jedoch große Reife voraus. Denn wenn man total vernagelt ist, ist man sich meist kein guter Freund. Man läßt sich selbst hängen.
3. Deshalb ist die Dissoziation (s. vorne) nützlich. Wenn Sie sich selbst nicht raten können, brauchen Sie Abstand von sich selbst und vom Problem, das die Blockade auslöst. Stellen Sie sich einfach vor, nicht Sie hätten das Problem, sondern jemand anders: Was würden Sie ihm raten? Diese einfache Dissoziations-Übung funktioniert oft erstaunlich gut.
4. Oder holen Sie sich Ihren Ratgeber einfach vor das geistige Auge und Ohr: Was würde Ihnen eine fiktive oder reale Ratgeberperson in dieser Situation raten? Die Indianer haben dafür ihren Guiding spirit, ihren inneren Führer. Oma Müller sagt immer: «Opa Müller würde jetzt sagen ...» Opa Müller ist seit zehn Jahren begraben. Und vielleicht hat er das auch nie gesagt. Aber für Oma Müller ist er die Stimme der Vernunft, die sie jetzt am nötigsten braucht, wo sie total blockiert ist und selber nicht auf einen Reframe kommt.

ChefIn im eigenen Kopf

Der Mensch ist die Krone der Schöpfung. Wir machen, was wir wollen. Wir denken «Tanken?» und wir gehen Tanken. Wir denken «Da muß ich jetzt aber mal auf den Tisch hauen!» Hirn an Faust: «Draufhauen!» Faust haut drauf. Wir tun, was wir wollen.

Doch wenn dem so ist: Warum liege ich dann nachts wach und kann nicht einschlafen, obwohl ich es will? Warum kann ich mich nicht mit meinem Partner vertragen, obwohl ich es so sehr will und immer wieder versuche und immer wieder irgendeinen dummen Streit vom Zaun breche? Warum kann ich nichts gegen mein Lampenfieber tun? Warum bin ich oft ausgerechnet dann schwunglos und wenig motiviert, wenn ich eine große Aufgabe anpacken oder meine Mitarbeiter mitreißen soll? Warum schaffe ich es einfach nicht, mich dauerhaft und gründlich vom Erfolgsdruck zu befreien?

Wer denkt, daß er macht, was er will, denkt eben nur, daß er macht, was er will. Im Grunde macht unser Hirn was *es* will. Oder was es irgendwann von irgendwem aufgeschnappt hat. Wenn heute abend das TV-Gesundheitsmagazin «Praxis» über Anzeichen von Herzinfarkt berichtet, «steigt morgen die Zahl der ambulanten Patienten mit ‚Anzeichen von Herzinfarkt' um das Dreifache», sagt ein Internist. Nach jeder UFO-Sendung steigt die Zahl der Sichtungen. Warum haben so viele Menschen Angst vor dunklen Tiefgaragen? Doch nicht, weil sie selbst schon mal überfallen wurden. Das haben sie aufgeschnappt. Wir haben Bammel vor Projekten mit dem Kunden X, weil irgendein Kollege mal sagte: «X? Böser Finger!» Und prompt gehen auch wir baden: Selffulfilling Prophecy. Unser Gehirn ist ein seltsamer Zeitgenosse. Es sammelt alles auf, was am Wegrand liegt. Und in 80 Prozent der Fälle eben nicht die Gänseblümchen, sondern die Disteln.

Wenn wir eine neue Aufgabe anpacken und unseren ganzen Mut, eine Topmotivation und eine unerschütterliche Zuversicht bräuchten, streut unser Gehirn Zweifel, Ängste, Befürchtungen und Ausreden. Wollen wir das wirklich? Wollen wir wirklich denken «Dieses Umsatzziel ist unerreichbar» und zuschauen, wie es andere Kollegen erreichen, um es dann auf unsere «blöden Kunden» zu schieben? Soll unser Hirn abspielen, was es will oder was wir wollen?

Mein Hirn gehört mir? Dann muß ich es mir erst mal aneignen. Wir sind nicht Chef im eigenen Hirn, so seltsam das klingt. Man wird nicht als ChefIn geboren, man muß es erst werden. Wie? Durch Bewußtheit und Training. Schauen Sie bewußt hin: Was wird hier gespielt? Das, was ich will? Gefällt mir, was ich höre und sehe? Oder muß ich einen neuen Film drehen? Das ist harte Arbeit, wie Ihnen jeder Regisseur bestätigen kann. Alles beim alten zu lassen, macht keine Arbeit. Es ist wie beim Tennis. Irgendwann kann ich den Topspin-Lob – wenn ich es wirklich will und den Schlag zweihundertmal schlage. Die Frage ist: Ist es mir das wert? Preis und Nutzen (s. Kapitel 2).

Wir leben in der Annahme, daß unser Kopf uns so unterstützt wie unsere Hand. Wenn wir «aufmachen» befehlen, geht die Hand auf. Doch wenn wir «Topspin-Lob» befehlen, haut sie den Ball ins Grüne, weil sie den Schlag nicht beherrscht. Tatsächlich unterstützt uns unser Kopf genauso schlecht wie unsere Hand: Was er nicht 7+/-2mal trainiert hat, beherrscht er nicht. Und wie es keinen Tennisspieler gibt, der jemals ausgelernt hat – Boris Becker hatte erst in späten Jahren den Linien-Kurvenball drauf –, so gibt es keinen Menschen, der jemals als Chef im eigenen Hirn ausgelernt hat. Wer mit 95 auf dem Sterbebett sagt: «Ich hätte meinem Kopf noch so viel beibringen können!», hat nicht versagt, er hat gewonnen. Kopftraining ist wie Tennistraining: eine Lebensaufgabe. Sie hört nie auf. Aber sie ist nicht annähernd so schweißtreibend wie Tennistraining.

Um den Kopf zu trainieren, muß man nicht auf den Tennisplatz gehen. Wir können, was wir denken, jederzeit beobachten und trainieren. Nachts um vier schlaflos im Bett. Mittags um zwei im Aufzug: «Was geht hier ab? Was läuft hier? Gefällt mir das? Wie sieht der richtige Film aus?» Wer Tennis spielt, kann nebenher keine Akten ablegen. Doch Kopftraining geht quasi nebenher. Während ich meine Mitarbeiter führe, denke ich: «Moment mal, was geht hier eigentlich ab? Was tue ich denn da?» Diese Selbstbeobachtung geht mit der Zeit ganz automatisch, unbewußt. Und auch das Training geht quasi nebenher. Selbstbeobachtung und Training werden zur zweiten Natur, quasi zum Instinkt. Ich werde zum wohlwollenden, geduldigen, wachsamen und konstruktiven Beobachter und Trainer meiner selbst – die Grundlage für jeden Erfolg.

«Was ein Mensch tut und was ihm guttut,
sind zwei verschiedene Dinge.»
Charles Handy

«Im Alter von 36 Jahren entdeckte ich,
daß das meiste, was mir Eltern, Schule
und Ausbilder vermittelt hatten, falsch ist.»
E. F. Schumacher

5 Die Antreiber

Die Desaster-Software im Kopf

Wir müssen von der Vorstellung Abschied nehmen, daß unser Kopf perfekt funktioniert. Irgendwie glauben wir das ja immer noch. Doch oft funktioniert unser Kopf nicht besser als unser PC. Wenn es wirklich darauf ankommt, stürzt die Software ab. Jeder von uns erinnert sich an mindestens einen dieser Superabstürze. Die erste Fahrt nach dem Führerschein: Papa sitzt daneben, und wir würgen die Karre an der Ampel ab – obwohl wir das vorher hundertmal perfekt konnten. Die Abitur- oder Diplomprüfung: so gut vorbereitet – und plötzlich war alles weg. Die Tanzstunde, das erste Vorstellungsgespräch, das letzte Gespräch mit dem Chef, das letzte Kundengesprächsdesaster oder die letzte Horrorpräsentation ...

Die Software ist abgestürzt. Solche Systemabstürze passieren täglich, wenn auch nicht mit denselben Folgen wie beim letzten Krach mit dem Chef oder bei der ersten Vorstellung. Man weiß es eigentlich besser. Vorher. Und nachher. Aber genau dann, wenn es darauf ankommt, herrscht Blackout. Es ist, als ob das Gehirn im entscheidenden Moment abschaltet. Als ob sich der gesunde Menschenverstand verabschiedet und plötzlich eine Desaster-Software aktiviert wird, die dafür sorgt, daß wir exakt das Falsche denken, sagen und tun.

In einem Unternehmen wird die EDV fürs Jahr 2000 fitgemacht. Einige Programme werden ausgewechselt. Franz ist total im Streß. Er klagt: «Die spinnen, die da oben! Als ob wir nicht genug Arbeit hätten. Jetzt müssen wir auch noch die Handbücher für die neuen Programme wälzen!» Der Vorgesetzte von Franz macht zusätzlich Druck: «Kommen Sie in die Gänge! Lesen Sie keine Handbücher, machen Sie Ihre Arbeit!» Franz ist total empört: «Wie stellen die sich das denn vor?» Eine ganz normale Situation des täglichen Bürowahnsinns, könnte man meinen. Streß, Hektik, Druck und unmögliche Zielvorgaben bestimmen die Tagesordnung. Wer hier nicht gestreßt reagiert, ist krank. Tatsächlich? In einem ganz anderen Licht erscheint diese Situation, wenn wir Eva beobachten, die Kollegin von Franz. Sie versteht die ganze Aufregung nicht: «Mach dir doch keinen Streß! Schmeiß das Handbuch weg! Du klickst das Icon an, und dann läuft das. Das ist nicht viel anders als das alte Programm auch.» Erstaunlich, nicht?

Die *Situation* ist dieselbe, doch Franz hat Streß, während Eva cool bleibt. Das ist allerdings eine Offenbarung: Streß *passiert* nicht, Streß wird *gemacht*. Streß steckt nicht in der *Situation*, die wir erleben, sondern in der *Reaktion,* mit der wir darauf reagieren. Franz macht sich sozusagen seinen Streß selbst. Indem er völlig unnötige Tätigkeiten unternimmt und sich dadurch unter Zeit- und Erfolgsdruck setzt. Und das Tollste dabei ist noch: Hinterher erkennt Franz das selbst! «Bin ich eigentlich bescheuert? Ich habe doch auch noch nie ein Windows-Handbuch gelesen! Das erklärt sich doch von selbst!» Was ist passiert? Was hat bei Franz die falsche Reaktion ausgelöst? Die Desaster-Software in seinem Kopf. «Antreiber» heißen diese Sabotageprogramme im Psychologendeutsch der Transaktionsanalytiker. Das Antreibermodell geht auf Eric Berne zurück.

«Be perfect!»

Der Antreiber von Franz heißt «Be perfect!», sei perfekt! Er wird aktiviert, sobald wir verunsichert werden.

Wie unnötig der Antreiber war, sieht man oft an den Reaktionen der Umwelt – hinterher, wenn es zu spät ist! Franz hat zum Beispiel seinen zwanzigseitigen Messebericht extra am Wochenende geschrieben. Seine Frau war ganz schön sauer: Beziehungsstreß, Zeitstreß, emotionaler Streß. Am Montag sagt sein Chef: «Warum muß das immer so umständlich sein? Wann soll ich das lesen?» Die ganze Arbeit für die Katz. Eva übrigens reichte eine einzige A4-Seite ein. Chef-Kommentar: «Kurz und knapp, Frau Meier, gut so.» Hinterher schlägt Franz die Hände überm Kopf zusammen. Warum hat er das gemacht? Was trieb ihn dazu? Der Antreiber «Be perfect!» Er sorgt dafür, daß Franz in bestimmten Situationen falsch reagiert. Be perfect! ist ein Programm, das wir uns früh angeeignet haben.

Wenn Heike vom Kindergarten heimkommt und ihr selbstgemaltes Bild voll Stolz der Mama zeigt, sagt Mama: «Was für ein schönes Bild! Aber mal das Dach schwarz oder rot, nicht blau. Und der Schornstein ist auch schief.» Eine verhängnisvolle Äußerung. Kleine und große Menschen leben von Anerkennung und Zuwendung. Am besten gedeihen sie und werden zu großen, starken, einfühlsamen und selbständig denkenden Zeitgenossen, wenn sie bedingungslose Zuwendung erhalten: «So, wie du bist, bist du wunderbar. Wir akzeptieren und lieben dich so, wie du bist.» Oder wie die Aborigines nach der Geburt und vor dem Tod eines Menschen sagen: «Wir lieben dich und werden dich auf deiner Reise begleiten.» In der westlichen Realität sieht das etwas anders aus. Das hat auf grausame Weise das berüchtigte Experiment von Friedrich dem Großen demonstriert.

Der alte Fritz ließ einige Säuglinge unter perfekten Bedingungen aufziehen: beste Nahrung, Hygiene und gesundheitliche Versorgung, jedoch ohne menschlichen Kontakt. Der alte Fritze wollte herausfinden, wieviel der Mensch an Intellekt und Verhaltensweisen mitbringt und wieviel anerzogen ist. Er hat es nie herausgefunden: Alle Kinder starben. Aus Mangel an Zuneigung. An Infektionskrankheiten. Streß lähmt das Immunsystem. Nicht geliebt zu werden ist Killer-Streß. (Kleine) Menschen brauchen Zuneigung. Hält man ihnen ständig Bagatellen wie schiefe Schornsteine oder falsch gefärbte Hausdächer vor, lernen sie irgendwann: «Mehr Zuneigung gibt es, wenn ich alles richtig mache. Fehler sind ganz arg schlimm.» Da Kinder auf Zuneigung angewiesen sind, werden sie alles tun, um diese zu erhalten. Das Killer-Programm ist aktiviert, im Kopf tickt die Zeitbombe.

Andererseits: Mit diesem Killer-Programm bringt man es weit. Da man Fehler fürchtet wie der Teufel das Weihwasser, ist man bei der Arbeit der Inbegriff von Gewissenhaftigkeit, Gründlichkeit und Zuverlässigkeit. Mit jedem Lob vom Chef wird das gefährliche Kindheitsprogramm noch verstärkt. Präzisionswut ist eine schöne Tugend, wenn sie angebracht ist. Das Blöde an den Killer-Programmen ist jedoch, daß sie sich auch völlig unangebracht einschalten. Be perfects! nerven zum Beispiel ihre Kollegen, weil sie selbst völlig Irrelevantes noch peinlich genau erledigen und auch anderen gegenüber eine unmenschlich geringe Fehlertoleranz zeigen. Aus diesem Grund delegieren sie ungern, was ihnen als Führungskräfte das Leben unnötig schwer macht. Und wenn sie delegieren, weil es nicht anders geht, kontrollieren sie ständig nach, was unnötig Zeit kostet und den Mitarbeitern den letzten Nerv raubt. Die Angst vor Fehlern sitzt dem Be perfect! pausenlos im Nacken. Ständig leistet er 200 Prozent, um ja keine Fehler vorkommen zu lassen. Seine Risikobereitschaft ist deshalb gleich Null: Nur nichts riskieren! Könnte ja schieflaufen!

Be perfect! schaltet sich zu den unpassendsten Augenblicken ein. Wenn die Freundin sowieso schon auf 180 ist, halten wir ihr auch noch vor, daß sie wieder die Zahnpasta nicht zugeschraubt hat. Wir ahnen zumindest, daß das die Bombe zur Detonation bringt – aber wir können nicht anders. Etwas in unserem Inneren ist stärker als wir. Der Antreiber. Wir wissen, daß wir den Mitarbeiter für seinen an Land gezogenen Großauftrag anerkennen müssen – aber alles, was uns einfällt, ist: «Warum hat das so lange gedauert? Sie haben auch noch andere Kunden!» Der Mitarbeiter kocht vor Frustration und geht sechs Monate später zur Konkurrenz. Chefs mit Be perfect! treiben ihre Mitarbeiter auf die Bäume. Schwacher Trost: Damit schaden sie sich selbst am meisten.

Wer diesen Antreiber im Kopf hat, kann in gewissen Situationen einfach nicht erfolgreich sein. Mit einem Antreiber im Kopf sind wir auf Mißerfolg programmiert. Stellen Sie sich einen Ertrinkenden vor, der den zugeworfenen Rettungsring ablehnt: «Ist mir nicht sicher genug! Habt ihr nicht was Besseres auf Lager?» Unvorstellbar? Leider passiert das täglich. Wir haben «Erfolgstips für Führungskräfte», «Positiv Denken» oder «Die Deckungsbeitragsanalyse» hundertmal gelesen, wenden aber nichts davon an. Wir denken, «das bringt es auch nicht!» Aber in Wirklichkeit hält uns die Antreiberangst vor Fehlern zurück, es einfach auszuprobieren. Ausprobieren wäre so einfach! Aber wir tun es nicht. Obwohl wir genau wissen, wie es besser gehen könnte, halten wir an alten Mißerfolgsgewohnheiten fest, weil unsere programmierte Angst vor Fehlern uns von Neuem abhält.

Wir lösen Aufgaben lieber mit alten, bewährten Mitteln. Neues wenden wir nicht an, auch wenn es mehr Erfolg verspricht, weil wir nicht auf Erfolg programmiert sind. Wir sind auf Fehlerlosigkeit programmiert. Keine Fehler zu machen, ist uns insgeheim und unbewußt wichtiger, als Erfolg zu haben. Deshalb kleben wir oft an Altem und Überkommenem, obwohl es uns im Grunde schadet. Und damit wir den Selbstbetrug nicht bemerken, erfinden wir ganz unbewußt Scheingründe: «Das Neue funktioniert bestimmt nicht!» Doch, aber der Antreiber möchte das nicht wahrhaben, weil beim Ausprobieren Fehler auftauchen könnten. Ein paradoxes Bild: Der Erfolg ist so nahe, man bräuchte nur die Hand auszustrecken – aber man tut es nicht. Könnte ja ein Fehler dabei unterlaufen.

«Hurry up!»

Es gibt Menschen, die stehen ständig unter Dampf. Eigentlich eine bewundernswerte Eigenschaft. Wenn da nicht diese hohe Fehlerquote wäre. Denn wer vieles gleichzeitig erledigt, macht auch viele Fehler. Kein Mensch kann fünf Dinge gleichzeitig tun – ohne Fehler zu machen. Hektiker haben den Antreiber «Hurry up!», beeil dich! Solange sie nur schnell genug arbeiten, ist ihnen im Grunde gleichgültig, was dabei herauskommt. So haben sie das in ihrem Elternhaus mitbekommen. Ihre Eltern erledigten ständig zwei Dinge gleichzeitig: Beruf und Kindererziehung, beim Bügeln die Vokabeln der Kinder abfragen, in der Büro-Mittagspause den Einkauf erledigen ... Es versteht sich von selbst, daß alles im Eilschritt erledigt wird. Zeit ist knapp, also muß man knausrig mit ihr umgehen. Kinder saugen diese Hektik schon mit der Muttermilch auf. Im Alter von drei Jahren setzt dann die direkte «Erziehung» ein. Sie hören immer wieder Sprüche wie: «Geht das nicht schneller? Bummle nicht herum! Wie lange dauert das denn noch?» So etwas prägt fürs Leben. Mit weittragenden Konsequenzen.

Hurry ups! tanzen ständig auf vielen Hochzeiten. Immer haben sie mehrere Eisen im Feuer. Sie erledigen ihren Schreibkram und telefonieren dabei noch, während sie einem Kollegen erklären, wo der Barthel den Most holt. Und alles muß schnell, schnell gehen! Flüchtigkeitsfehler werden locker in Kauf genommen. Ein Hurry up! muß sich beeilen, perfekt will er nicht sein. Hurry ups! kommen noch mit Situationen zurecht, die andere längst als ultrastressig erleben. Je mehr parallel läuft, desto wohler fühlen sie sich. Mit solchen Voraussetzungen entspricht man voll dem Berufsbild des rastlosen Machers. Ständig etwas anstoßen, ständig fünf Bälle in der Luft halten, ständig atemlos von A nach B hetzen.

Hurry ups! sind nicht unbedingt die Besten, aber sie sind überall dabei. Sie erledigen ihre Aufgaben schnell, auch wenn sie dabei einige Dinge nicht zu Ende führen, weil schnell, schnell! schon die nächste Aufgabe ruft. Sie sind kreativ und unkonventionell und gehen gerne neue Wege. Sie brauchen den Zeitdruck, um überhaupt in die Gänge zu kommen, während andere unter Zeitdruck innerlich aufgeben. Ihre Fehlertoleranz macht sie risikofreudig. Hört sich alles super an, nicht? Hurry ups! müssen perfekte Manager und Hausfrauen sein. Nein, denn alles hat zwei Seiten. Wer mit Lichtgeschwindigkeit arbeitet, macht viele vermeidbare Fehler und kann schlecht delegieren, weil er sich keine Zeit nehmen kann, die delegierte Aufgabe ausreichend zu erklären. «Machen Sie mal!» ist der Standard-Delegationsauftrag des Hurry up! Damit kann keiner etwas anfangen. Einen Be perfect! bringt diese ungenaue Delegation sogar an den Rand des Streßkollers: Er muß es ganz genau wissen und wird mit Allgemeinplätzen abgespeist!

Die sprichwörtliche Ungeduld und operative Hektik des Hurry up! verbreitet unter Mitarbeitern, Kollegen und Vorgesetzten Unruhe, Ressentiments und Streß. Doch auch der Hurry up! selbst gerät schnell in Streß, weil sein Tag einfach zu vollgepackt ist und die Fehlerbehebung Ärger macht und Zeit kostet, die nicht vorhanden ist. Auch gerät der Hurry up! in Streß, wenn etwas nicht so schnell geht, wie er sich das vorstellt – und es geht nie schnell genug! Außerdem sind Hurry ups! nie so schnell, wie das ihr Tempo suggeriert. Oft sind sie sogar viel langsamer als Menschen, die langsam arbeiten. Denn da sie so überaus schnell arbeiten, verlieren sie viel Zeit bei der Fehlerbehebung. (s. o.) Oft wäre man schneller gewesen, hätte man es von Anfang an richtig gemacht. Deshalb sagte Adenauer zu seinem Chauffeur: «Fahren Sie langsam! Ich habe es eilig!»

«Please me!»

Ein drittes Sabotageprogramm ist «Please me!», Mach es mir recht! Fritz ist eine hervorragende Führungskraft. Er ist anerkannt, die Arbeit macht ihm Spaß. Wenn da nur nicht diese gewissen Tage wären. Tage, an denen er absolut zu nichts kommt: «Ständig geht die Tür auf und irgendein Mitarbeiter oder Kollege kommt hereingestürzt und ruft nach der Feuerwehr. Zu meiner eigenen Arbeit komme ich meist erst nach Feierabend.» Fritz ist nicht dumm. Er weiß genau, daß er zu gutmütig ist, daß er nicht nein sagen kann. «Aber was soll ich machen? Mein Job ist es doch, meine Leute zu führen!» Richtig, aber Mitarbeiter erzieht man nicht, indem man ihnen jedes Problem abnimmt. Man muß sie zur Selbständigkeit erziehen. Das beinhaltet, daß man sie auch mal wegschickt und ihre Probleme selbst lösen läßt – Feuerlöschen kann man ja immer noch. Doch Fritz kann das nicht. Sein Antreiber ist stärker. Fritz muß es allen recht machen.

Fritz hat als Kind gelernt, daß man immer schön artig die Hand geben, bitte und danke sagen muß. Daß man nie aufsässig oder frech sein darf. Daß man sich so verhalten muß, daß andere zufrieden mit einem sind. Wenn Fritz sein Kindergartenbild mit nach Hause bringt, überschlägt sich alles vor Freude. Fritz lernt: Es anderen recht machen, bringt Belohnung, ist gut. Deshalb macht er auch artig seine Hausaufgaben, weil es dem Lehrer oder dem Papa so gut gefällt. Im Beruf ist Fritz der einzige Kollege, der mit den notorischen Be perfects! und Hurry ups! glänzend zurechtkommt. Denn auch ihnen macht er es recht, so unausstehlich sie manchmal in ihrer rastlosen Hektik oder nervtötenden Erbsenzählerei sein mögen. Ein Please me! ist ungeheuer anpassungsfähig und nach außen immer freundlich und gut gelaunt. Er hat nie gelernt, seinen Ärger auf angemessene Weise zu artikulieren. Aus Angst, nicht mehr geschätzt zu werden, schluckt er den Ärger lieber runter und behält kritisches Feedback für sich. Dafür gewinnt er die Sympathie der Kollegen und ein Magengeschwür. Please me! können nicht nein sagen, weil sie andere nicht enttäuschen möchten. Weil man es aber nicht allen recht machen kann, geraten sie deshalb ständig in Streß. Außerdem vernachlässigen sie sich selbst total. «Der gute Mensch denkt an sich selbst zuletzt» – und bekommt deshalb Herzbeschwerden.

Konflikte jeder Art stressen den Please me! fürchterlich. Eine Führungskraft mit Please me! wird in der Sandwich-Falle aufgerieben. Unten fordern zum Beispiel die Mitarbeiter berechtigte Verbesserungen der Arbeitsbedingungen. Er will es ihnen recht machen. Oben hat die Geschäftsleitung dafür kein Geld. Auch dieser will er es recht machen. Doch beiden zusammen kann er es nicht recht machen, weil die Forderungen sich gegenseitig ausschließen. Dieses Dilemma reibt den Please me! auf.

Was stört in Ihrem Kopf? Der Antreiber-Test

Jeder Mensch hat ein bißchen was von jedem Antreiber im Kopf. Keiner freut sich über Fehler, jeder bringt bestimmte Arbeiten lieber heute als morgen hinter sich, und jeder freut sich über Anerkennung. Das ist normal. Nicht normal ist, wenn die Antreiber übermächtig werden. Dann nämlich fühlt man sich ständig unzufrieden, überfordert oder gestreßt. Dann schaden uns die Antreiber mehr, als sie nützen.

Es ist klar, daß ich mit einem Antreiber im Kopf bestimmte Ziele, die ich mir gesetzt habe (s. Kapitel 2) nie erreichen werde. Wenn ich ständig Tempo mache, immer nach vorne schaue und nie im Augenblick lebe, werde ich das Leben nicht so genießen können oder mehr Zeit für die Familie finden, wie ich es mir (in Kapitel 2) zum Ziel gesetzt habe. Denn mein Antreiber sagt ganz klar: Tempo geht vor Lebensfreude und Familie. Wann immer ich rasch zu Potte kommen muß, werde ich scheitern, wenn Be perfect! in meinem Kopf herumspukt. Und wann immer ich eine unpopuläre Entscheidung fällen muß, werde ich scheitern, wenn mich Please me! regiert.

Es gibt nicht nur diese drei Antreiber. Eric Berne, der Vater der Transaktionsanalyse, ging von fünf Antreibern aus. Zusätzlich zu unseren dreien noch:

- Be strong! – Sei stark!: Egal, was es ist, man macht es erst mal alleine, lehnt jede Hilfe ab und versucht, sich im Alleingang durchzutanken.
- Work hard! – Streng dich an! bedeutet: Egal, wie einfach und klein die Aufgabe ist, ich mache einen Riesenaufwand, eine Staatsaktion daraus, auch wenn das Ergebnis viel besser wäre, wenn ich die Sache locker und entkrampft anginge. Darüber hinaus gibt es noch weitere Antreiber wie zum Beispiel: Kümmere dich um alles!

Wir konzentrieren uns auf die häufigsten drei Antreiber. Weil das übersichtlicher ist und weil viele Antreiber bis zu einem gewissen Maß in den ersten dreien drinstecken. Welche Antreiber stecken in Ihrem Kopf? Bestimmt hat bei Ihnen hin und wieder die Glocke geläutet, als wir uns oben die Anzeichen der drei Kardinalantreiber anschauten. Wenn Sie wissen wollen, welche Antreiber Ihnen hauptsächlich das Leben schwermachen, machen Sie den Test.

Schreiben Sie in jedes Kästchen die passende Ziffer:

5 – trifft voll und ganz zu
4 – trifft im großen und ganzen zu
3 – trifft teilweise zu
2 – trifft kaum zu
1 – trifft überhaupt nicht zu

Noch ein Tip: Je offener und ehrlicher Sie Ihre Punkte vergeben, desto eher finden Sie heraus, welche Antreiber Ihnen in welchem Ausmaß im Wege stehen.

Der Antreiber-Test

1. ❑ Es ist mir wichtiger, sorgfältig zu arbeiten, als möglichst schnell fertig zu werden.

2. ❑ Es stört mich, wenn andere meine Anwesenheit als unangenehm empfinden.

3. ❑ Ich versuche immer, so vollständig wie möglich Auskunft zu geben.

4. ❑ Menschen, die keine Ordnung halten können, bringen mich auf die Palme.

5. ❑ Kommt mir eine gute Idee, setze ich sie am liebsten sofort und ohne Umschweife in die Tat um. Ich hasse es, warten zu müssen.

6. ❑ Ich überprüfe meine Arbeiten mehrmals, bevor ich sie übergebe.

7. ☐ Ich wünsche mir, daß Vorgesetzte, Kollegen und Freunde es anerkennen, wenn ich gute Arbeit leiste.

8. ☐ Wenn ich eine Arbeit erledige, versuche ich, die Erwartungen anderer so gut wie möglich zu berücksichtigen.

9. ☐ Bei der Arbeit gilt für mich das Motto: «Je schneller erledigt, desto besser.»

10. ☐ Es ist mir wichtig, was andere über mich denken.

11. ☐ Gerade die Details sind wichtig an einer Arbeit.

12. ☐ Auf klare Fragen erwarte ich kurze, informative Antworten.

13. ☐ Sowohl bei der Arbeit als auch privat möchte ich von meinen Mitmenschen voll akzeptiert werden.

14. ☐ Wenn es um die Wünsche und Erwartungen von Kollegen oder der Familie geht, muß man selbst zurückstecken können.

15. ☐ Geduld ist nicht meine Stärke.

16. ☐ Ich zähle oft Argumente auf, um eine Aussage zu unterstreichen.

17. ☐ Ich bleibe lieber höflich, als daß ich jemandem offen die Meinung ins Gesicht sage.

18. ☐ Ich übernehme häufig die Meinung anderer zu bestimmten Problemen oder Aufgaben.

19. ☐ Wenn ich eine Arbeit mache, bin ich voll bei der Sache. Nichts lenkt mich ab.

20. ❑ Ich springe gerne von einer Aufgabe zur anderen.

21. ❑ Oft muß ich meinen Kollegen oder der Familie Dampf machen, damit sich etwas bewegt.

22. ❑ Ich bemühe mich, daß meine Sprache exakt und präzise ist.

23. ❑ Ich helfe gerne und oft aus, wenn andere Probleme haben.

24. ❑ Kontakt zu anderen Menschen ist mir bei der Arbeit sehr wichtig.

25. ❑ Mit neuen Techniken und Ideen bin ich zuerst immer etwas vorsichtig. Man weiß ja nie ...

26. ❑ Am liebsten erledige ich mehrere Dinge gleichzeitig.

27. ❑ Ich hasse Unpünktlichkeit.

28. ❑ Ich gehe den Dingen gerne auf den Grund.

29. ❑ Ich muß öfter Flüchtigkeitsfehler ausbügeln, als mir lieb ist.

30. ❑ Ich werde kribbelig, wenn ich nichts zu tun habe.

Addieren Sie die Punktzahlen über die drei Antreiber und ihre entsprechenden Fragen:

«Be perfect!»	«Hurry up!»	«Please me!»
1: ___	5: ___	2: ___
3: ___	9: ___	7: ___
4: ___	12: ___	8: ___
6: ___	15: ___	10: ___
11: ___	20: ___	13: ___
16: ___	21: ___	14: ___
19: ___	26: ___	17: ___
22: ___	27: ___	18: ___
25: ___	29: ___	23: ___
28: ___	30: ___	24: ___
= ___	= ___	= ___

Wie unterschiedlich sind die drei Endsummen? Sind Ihre Antreiber einigermaßen ausgewogen? Oder haben Sie einen dominanten Antreiber? Oder sind zwei besonders stark und der dritte eher schwach? Wie auch immer Ihre Antreiber ausgeprägt sind: Sie sind deshalb kein schlechterer Manager, Angestellter, keine schlechtere Partnerin, Führungskraft oder Mutter. Unsere Antreiber sind nämlich als solche völlig wertfrei. Es spielt keine Rolle, welche Antreiber man/frau hat. Es kommt drauf an, was man draus macht.

Es ist weder per se gut noch schlecht, einen starken «Be perfect!» oder einen starken «Hurry up!» zu haben. Eine sinnvolle Bewertung der Antreiber ist nur im Kontext möglich. Es gibt Situationen, in denen Be perfect! gefragt ist, und Situationen, in denen die Zeit knapp ist. Dann gibt es wieder Lagen, in denen ein besonders einfühlsamer Vermittler gefragt ist. Welche Antriebskraft also die erfolgreichere ist, entscheidet einzig und allein die konkrete Situation, das Umfeld und die Aufgabe – und ob Sie sie erkennen können. Erfolgreich ist nicht, wer den «richtigen» Antrieb hat, sondern wer ihn richtig einsetzt: Aha, jetzt ist die Zeit reif für exakte Arbeit, also lasse ich meinem Be perfect!die Zügel schießen. Und jetzt muß es schnell gehen. Also, Be perfect!, husch, husch, ins Körbchen. Wer am besten sieht, was wann geboten ist und es ohne große Anlaufprobleme einsetzen kann, ist erfolgreich. Die großen Desaster passieren ja nur deshalb, weil sich unser Antreiber zur Unzeit einschaltet. Ausgerechnet im Bewerbungsgespräch, wo man locker und überzeugend sein sollte, fangen wir an, Haare zu spalten. Ausgerechnet dann, wenn wir unsere Arbeit gewissenhaft ausführen sollten, verfallen wir in Hektik ...

Falls zwei Ihrer Antreiber eine deutlich höhere Punktzahl haben als der dritte: Please me! kombiniert mit Be perfect! oder Hurry up! ist eine halbwegs verträgliche Kombination. Man schielt immer ein wenig danach, «was die Kollegen dazu sagen», und versucht, das so perfekt oder so schnell wie möglich zu erreichen. Be perfect! kombiniert mit Hurry up! ist dagegen eine Turbostreß-Kombination. Man versucht, möglichst viele Aufgaben möglichst perfekt zu erledigen – und das auch noch in Rekordzeit. Auf Dauer wirft das den stärksten Ringer aus den Sandalen. Die Auswirkungen der Antreiber sind vielfältig und gravierend.

Die Antreiber

- sabotieren unseren Erfolg, indem sie uns in bestimmten Situationen die falschen Befehle einflüstern. Wir werden zum Beispiel von einer Panne überrascht. Aber anstatt erst mal ganz ruhig auf den Hosenboden zu sitzen und die Lage zu peilen, rennen wir wie angesengt herum und machen Hektik, weil uns die innere Stimme einflüstert: Beeil dich!
- sind schuld am Streß, den wir erleben. Für eine 5-Minuten-Arbeit, für die wir 5 Minuten Zeit haben, brauchen wir 10 Minuten, die wir nicht haben, weshalb wir mörderisch in Zeitdruck kommen. Und alles nur, weil der Antreiber uns einflüstert: Sei perfekt! Mach bloß keine Fehler! Tu alles, damit Fehler ausgeschlossen sind!
- unterminieren unser Selbstwertgefühl. Denn so unsinnig die Forderungen der Antreiber auch sind, wir nehmen sie für bare Münze. Wir nehmen die völlig unrealistischen und überzogenen Forderungen der Antreiber als Meßlatte für unsere Eigenbeurteilung. Schon der kleinste Fehler, die kleinste Zeitverzögerung oder die kleinste Ablehnung durch andere empfinden wir als Riesenkatastrophe, für die wir uns schwere Vorwürfe machen. Wir messen uns an einem Ideal, das nie erreichbar ist. Damit ist garantiert, daß wir immer unzufrieden mit uns und/oder der Welt sind.
- bestimmen das Maß, in dem wir uns um unsere eigenen Wünsche und Belange kümmern. Wer ständig hinter der Meinung anderer herrennt, vernachlässigt seine eigenen Wünsche völlig. Wer ständig Hektik macht, fühlt sich häufiger als andere urlaubsreif und ausgebrannt. Je stärker der Antreiber wirkt, desto ungesunder und fremdbestimmter leben wir.

Deshalb wird es Zeit, sich nicht länger von den Kamikaze-Programmen fremdlenken zu lassen, sondern sich von ihnen zu verabschieden.

Abschied vom Antreiber: Bewußtheit entwickeln

Die meisten Menschen merken irgendwann, daß etwas nicht stimmt in ihrem Leben: «Ständig diese Hetze! Das halte ich nicht aus!», sagt der Hurry up!, wenn es ihm zuviel wird. Also unternimmt er was. Er weiß, daß Sport ein Streßausgleich ist, also kauft er sich einen Jogginganzug und trabt durch den Wald. Nein, das tut er nicht. In den Grünoasen der Großstädte sieht man Manager, die genau das nicht tun. Sie traben nicht, sie sprinten. Jeder Zuschauer tippt sich an die Stirn: «Die spinnen. Erst stressen sie im Büro rum, dann hetzen sie durch unseren schönen Waldsportpfad.» Ausbruch mißlungen. Wo bleibt der Ausgleich, wenn man sich im Wald genauso streßt wie im Büro? Das Umpolen eines Antreibers ist nicht ganz so einfach, wie wir uns das manchmal vorstellen. Was einen das ganze Leben lang getrieben hat, kann man nicht einfach durch den Erwerb eines Jogginganzuges abstellen.

Der traurige Witz bei den Antreibern ist, daß die wenigsten Menschen überhaupt bemerken, wer ihnen da ein Bein stellt. Sie sagen: «Ich weiß nicht, was das ist! Jetzt jogge ich schon seit drei Wochen täglich und die EKG-Werte sind immer noch im roten Streßbereich ...» Die meisten Gestreßten glauben deshalb, daß es nicht anders geht: «Mein Job ist eben stressig. Kann man nix machen.» Solange man das glaubt, ist es auch so. Garantiert. Man kann etwas nur loswerden, wenn man es bewußt wahrnimmt.

Erst wenn wir uns bewußt werden, daß der Streß nicht aus dem Job, vom Partner oder aus der Aufgabe kommt, sondern aus unserem Kopf, kann sich etwas ändern. «Nothing changes, till it changes in me», singt der Barde. Einen ersten Schritt haben Sie mit dem Antreibertest vorne bereits getan. Sie wissen jetzt, worauf Sie achten müssen. Mit etwas (etwas = 7+/–2 plus tägliche Wiederholungen) Übung läuft auch bei Ihnen bald wie auf Ihrem PC das residente Viren-Suchprogramm ganz automatisch ab:

- Was verlangt die Situation von mir an Detailtreue, an Eile oder an Erfüllung der Erwartungen anderer?
- Und was verlangt mein Antreiber?

Sie werden bemerken: Nicht immer stehen Situationsanforderungen und Antreiberanforderungen im Gegensatz zueinander. Wer als Controller arbeitet, wird jedem Tag von neuem seinem Schöpfer auf Knien für Be perfect! danken. Denn dank seinem Adlerauge entdeckt er auch noch die kleinste Zahlenabweichung. Ein Hurry up! wäre in diesem Job verloren. Manchmal ist so ein Antreiber ein Geschenk, eine Tugend und die Voraussetzung für Karriere, Erfolg und Wohlstand. Wer ultraexakt arbeiten kann, wer superschnell in die Gänge kommt, wer fast schon telepathisch erahnt, was der Kunde von ihm erwartet, wird es weit im Leben bringen. Wer würde auf diese Fähigkeiten schon verzichten wollen?

Also schaffen Sie Ihre Antreiber nicht ab. Nehmen Sie sie nur beim Zügel. Denn was in der einen Situation Erfolg garantiert, ist in der anderen glatter Genickbruch. Was in der einen Situation ein Vorteil ist, ist in der anderen ein Streßfaktor. Jede Fähigkeit kann in übertriebener Ausprägung zu einer Belastung werden. Wenn der Controller seiner Frau die Haushaltseinkäufe genauso exakt nachrechnet wie im Betrieb den Einkauf, hat er bald keine Frau mehr. Die Kontextpassung macht den Unterschied: Wo bringt der Antreiber Segen? Wo ist er einfach übertrieben?

Werden Sie sich Ihres Antreibers bewußt. Das ist einfach gesagt. Denn die Antreiber sind immer gut getarnt. Hinter Argumenten, die logisch klingen, aber nicht wahr sind. Die Entdeckungsreise zu den wahren Gründen ist spannend und lohnend.

Die Alternative aufstellen

Normalerweise können wir alle unsere Aufgaben lösen. Probleme gibt es strenggenommen nicht. Sie zweifeln? Betrachten wir ein Beispiel. Harald schaut in die Kühltruhe: Die gesamte Tiefkühlkost ist aus! Katastrophe! Nervös rennt er von Schrank zu Schrank: «Es ist nichts da! Was eß ich denn jetzt auf die Schnelle?» Wie wär's mit einem leckeren Kartoffelauflauf? Das schafft sogar ein Junggeselle. «Ach was, keine Zeit, das dauert doch ewig, bis der fertig ist!» Harald ist Designer und hat das Büro im eigenen Haus. Er hätte Zeit. Aber Harald nimmt sich nicht mal diese kurze Zeit, denn er ist, richtig, ein Hurry up!

Probleme gibt es eigentlich gar nicht. Wenn keine Fischstäbchen mehr da sind, dann mache ich eben Auflauf. Damit hat sich's. Wer flexibel ist, wer eine Alternative hat, für den gibt es keine Probleme. Und genau das ist das Gefährliche und Tragische an den Antreibern: Sie berauben uns dieser rettenden Alternative. Sie machen uns unflexibel. Damit machen sie aus Aufgaben Probleme. Wenn es regnet, dann joggt man eben nicht, sondern geht Schwimmen. Wo ist das Problem? Da sollten Sie bei Regen mal einem Be perfect! zuschauen. Er kann nicht Schwimmen gehen. Weil er das nie macht. «Ich gehe *immer* dienstags joggen. Und ausgerechnet heute gießt es Bindfäden!» Schwimmen ist neu, also geht Schwimmen nicht. Wer seinen Antreiber sofort ausschaltet, wenn er stört, hat kein Problem. Wer nur das tun kann, was der Antreiber ihm einflüstert, hat eines. Also legen Sie sich Alternativen zurecht.

Je achtsamer Sie werden, desto schneller entdecken Sie den Antreiber: Erst ertappen Sie sich dabei, wie der Antreiber mit Ihnen durchgeht. Am besten am Feedback der Umwelt: «Du verdammter Pedant! Mußt du dieses Haar auch noch gespalten haben?» Aber auch an Ihren eigenen Gefühlen. Wann immer Sie sich gestreßt oder unwohl in einer Aufgabe fühlen, ist nicht unbedingt die Aufgabe schuld, sondern ganz oft ein Antreiber. Zumindest sollten Sie das prüfen. Fragen Sie sich: Muß das wirklich so genau sein? So schnell? So fremdbestimmt? Mit fortschreitender Übung ertappen

Sie sich schon, *bevor* der Antreiber zuschlägt. In dieser Situation muß dann die Alternative bereitliegen. Betrachten wir diese am Beispiel.

Stephan ist ein messerscharfer Analytiker. Einen Fehler riecht er schon auf zweihundert Meter. Seit vier Monaten ist er Chef-Controller. Vor zwei Monaten hat die Hälfte seiner Mannschaft gekündigt: «Der tötet einem mit seiner Erbsenzählerei den letzten Nerv! Das ist kein Controlling, das ist Sklaverei!» Stephan ist nicht eigenblind. Er weiß, daß er es manchmal zu genau nimmt. Aber er kann nicht anders. Er bekommt wirklich und tatsächlich Bauchweh, sobald er den kleinsten Fehler in einer Tabelle sieht. Früher dachte er: «So bin ich halt.» Heute weiß er: «So bin ich nicht. So ist lediglich mein Antreiber. In Wirklichkeit bin ich ganz vernünftig.» Er weiß, daß er anders reagieren muß. Er muß Fehler monieren, keine Bagatellen. Aber diese Einsicht ist ohne Alternative wertlos.

Also legt er sich eine Alternative zurecht: «Wenn das nächste Mal ein Mitarbeiter eine Tabelle mit Bagatellfehlern vorlegt, lobe ich ihn für seine Arbeit und sage, daß er schnell noch die Fehler ausmerzen soll.» Allein der Gedanke daran macht ihm schon Bauchschmerzen. Der Antreiber schaltet immer noch den gesunden Menschenverstand aus. Also muß Stephan den gesunden Menschenverstand so stark aktivieren, daß er den Antreiber quasi aus dem Arbeitsspeicher des Kopfes drängt. Dafür gibt es Techniken. Wer übertriebene Angst vor Fehlern hat, fragt sich:

- Was kann schlimmstenfalls passieren? Dann stellt man sich vor, daß das tatsächlich passiert – und sieht, daß alles gar nicht so schlimm ist. Bliebe der Fehler in der Tabelle, würden das die wenigsten bemerken. Und wenn es wirklich so schlimm ist, kann man den Antreiber guten Gewissens aktiviert lassen.
- Wie hoch ist der Fehler im Verhältnis zum Gesamtergebnis, also die Fehlerquote? Dann sieht man schnell, ob es sich um einen Bagatellfehler oder um einen Kardinalfehler handelt.

Es gibt für jeden Antreiber diese vernünftigen Fragen, die den gesunden Menschenverstand wieder einschalten.

- Ein Hurry up! kann sich zum Beispiel fragen: Was bringt die Hektik überhaupt? Bringt es mir auch nur eine Minute, wenn ich jetzt wir ein Irrer herumrenne? Sind diese paar Minuten wirklich die Hektik wert? Oder verliere ich sogar noch Zeit, weil wieder Flüchtigkeitsfehler unterlaufen?
- Ein Please me! kann sich fragen: Erwartet das wirklich jemand von mir, oder bilde ich mir das nur ein? Wer hat das so gesagt oder gefordert? Und was passiert, wenn ich mal an mich denke? Reißt man mir den Kopf ab? Oder ist es nicht so, daß die Leute sogar dankbar sind, wenn ich mal an mich denke und deshalb zufriedener und freundlicher bin?

Das richtige Tonband abspielen

Man ist noch besser auf den nächsten Antreiberanfall vorbereitet, wenn man dem Antreibertonband ein anderes Tonband entgegensetzen kann. Der Antreiber flüstert uns ein:

- «Sei perfekt! Mach um Himmels willen keinen Fehler!» Aber unser Tonband sagt: «Fehler sind irrelevant, solange es Bagatellen sind. Manchmal sind Fehler nötig, um daraus zu lernen. Wichtiger ist, was konkret unterm Strich rauskommt. Nobody's perfect. Es ist mein Recht, Fehler zu machen. Denn ich werde nicht nach Fehlervermeidung, sondern nach Leistung bezahlt.» Es gibt Hunderte solcher vernünftiger Sprüche. Wählen und prägen Sie Ihre eigenen! Und sagen Sie sie sich beim nächsten Antreiberüberfall wie ein Mantra immer und immer wieder vor.
- «Beeil dich!» Aber wir sagen uns: «Immer mit der Ruhe. Diese Sache ist mir viel zu wichtig, als daß ich sie durch Flüchtigkeitsfehler gefährden möchte. Also entschleunige ich das Ganze jetzt mal. Gut Ding will Weile haben.»

- «Mach es mir recht!» Aber wir sagen: «Es gibt klare Bedürfnisprioritäten. Dinge, die die Situation erfordert; Dinge, die andere von mir erwarten und Dinge, die ich selbst von mir erwarte. Und *ich* entscheide, was im Moment an welcher Stelle steht.»

Sich die Erlaubnis geben

Anfangs fällt es uns noch schwer, diese vernünftigen Sätze zu denken. Aber mit 7+/–2-Wiederholungen fällt es uns leichter. Und mit täglichen Wiederholungen ist das Erfolgstonband so gut trainiert, daß es ganz automatisch abläuft. Es bereitet uns auf den entscheidenden Punkt bei der Antreiberbekämpfung vor: den Punkt der Erlaubnis. Das Schädliche an den Antreibern ist ja, daß sie uns etwas ganz Vernünftiges verbieten: Du darfst niemals nie nicht Fehler machen! Du darfst niemals trödeln! Du darfst nie an dich selbst denken! Diese Verbote sind offensichtlich unsinnig. Denn ohne die Erlaubnis, an sich selbst zu denken, geht der Mensch irgendwann vor die Hunde. Diese Erlaubnis raubt uns der Antreiber. Holen wir sie zurück!

Diese Erlaubnis kann niemand anders geben als wir selbst. Deshalb nützt es auch nichts, wenn Ihnen gute Freunde raten: «Laß mal fünfe gerade sein!» «Denk mal an Dich!» Natürlich wäre es schön, wenn ein mächtiger Zauberer sagen würde: «Denk endlich an dich!» und wir es tun würden. Aber solange das nicht passiert, müssen wir selbst dieser Zauberer sein. Nur wenn die Erlaubnis von uns selbst kommt, akzeptiert sie der innere PC als zulässige Eingabe. Also sagen Sie sich als letzten Schritt der Antreibermodifikation:

- «In dieser Situation darf ich Fehler machen. Es ist ganz normal. Niemand erwartet etwas anderes.»
- «In dieser Situation darf ich mir Zeit lassen. Das tut mir und der Aufgabe gut.»
- «Hier und heute darf ich ganz an mich denken. Das erwarte *ich* von mir.»

Sobald wir uns diese Erlaubnis geben, geht uns ein Licht auf. Wir betreten eine neue, schöne, bislang unbekannte Welt. Manche Leute fühlen sich danach wie neu geboren.

Der Mühe Lohn

Wer seine Antreiber abschüttelt, hat plötzlich viel mehr Zeit, auch für sich selbst, und viel weniger Streß. Man geht davon aus, daß der Streß sich um bis zu 90 Prozent reduzieren läßt, wenn man die Antreiber in den Griff bekommt. Denn in den seltensten Fällen ist Streß von außen verursacht. Meist ist er hausgemacht. Verschwinden die Antreiber aus den unpassenden Situationen, verschwinden auch diese Gefühle von Überforderung, von Erwartungs- und Erfolgsdruck, die dauernde Müdigkeit und Unlust, und die ständige latente Unzufriedenheit mit sich, dem Leben, der Umwelt, dem Job.

Natürlich ist diese Selbstbefreiung um so mühsamer, je länger und stärker ein Antreiber bereits gewirkt hat. Und es ist einfacher, so weiterzumachen wie bisher. Einfacher, aber nicht erfolgreicher – und befriedigender schon gar nicht. Der Abteilungsleiter eines Kfz-Zulieferers berichtet: «Ich habe mich ständig für den Betrieb, die Abteilung, die Familie reingehängt (Please me!). Als das einfach nicht mehr so weiterging, und ich endlich *mein* Leben leben wollte, erlebte ich eine ziemliche Ernüchterung: Ich wußte gar nicht mehr, was *ich* wollte. Ich wußte auf Anhieb, was ich meiner Frau zum Hochzeitstag schenken werde. Was ich mir selbst dazu wünsche, wußte ich nicht. Es hat Tage gedauert, bis mir wieder einfiel, daß Golf lernen Spaß machen könnte. Und dann hat es Wochen gedauert, bis ich mir endlich dafür die Erlaubnis gab.» Manchmal dauert es lange und ist mühsam. Es ist immer mühsamer, sich zu ändern, als so weiterzumachen wie bisher. Doch der Lohn der Mühe ist phantastisch. Es fühlt sich gigantisch an, fünfe gerade sein zu lassen, wenn man bislang wegen jeder Bagatelle schlaflose Nächte hatte. Es ist ein Gefühl wie Weihnachten, wenn man endlich mal in

Ruhe etwas durchzieht, ohne ständig die eigenen Leichtsinnsfehler nachzubessern.

Den Antreiber abzuschütteln, heißt nicht: Ich sprenge mit einem geistigen Gewaltakt die Ketten um meinen Geist und habe dann ein Leben lang Ruhe vor den Antreibern. So einfach ist das Leben nicht. Eben das ist der Fluch der frühen Prägung: Was wir bereits mit der Muttermilch aufgesogen haben – nichts gegen Mama, sie meinte es gut –, läßt sich nicht zwischen Tür und Angel abstellen. Altlasten zu beseitigen ist ein ständiger Lernprozeß. Jeden Tag müssen wir aufs neue das abschütteln, was uns behindert. Es ist ein ständiger innerer Dialog: «Was willst du schon wieder? Bist du sicher, daß du mir in dieser Situation nützlich bist? Aha.» Wie man diesen Dialog professionell führt, sehen wir im nächsten Kapitel. Doch zunächst zu einem Antreiberspezialfall.

Die Antreiber der anderen

Es gibt Ärger, wenn der Antreiber mit uns durchgeht. Aber es gibt auch Ärger, wenn anderen der Antreiber durchgeht. Besonders, wenn der andere der Chef ist. Ein Beispiel.

Lucy ist wütend auf ihren Chef: «Ich ziehe diesen Riesenauftrag an Land, und was sagt der Chef dazu? Toll? Super? Prima? Nein, er sagt, daß ich für 25 Mark Spesen keinen Beleg habe! Ich glaube, der Kerl will mich systematisch fertigmachen.» Könnte man meinen, wenn man die Antreiber nicht kennt. Sie kennen sie inzwischen. Ist der Chef tatsächlich bösartig oder bekloppt? Nein, er leidet lediglich unter .... Worunter leidet Lucy? Interessante Frage, nicht? Denn eigentlich denkt man unwillkürlich bei diesem Beispiel: «So ein blöder Chef!» Doch woher kommt eigentlich die phantastische Vorstellung, daß der Chef uns Anerkennung schulde? Von .... Sybille reagiert ganz anders. Sie zieht wie weiland Mr. Spock die Augenbraue hoch: «Ich streiche eine fette Provision ein, der Kunde ist mir ewig dankbar, ich bin mächtig stolz auf mich – da lach ich doch nur über die Erbsenzählerei vom Chef.»

Ohne Antreiber ist das Leben einfach schön und lohnend. Übrigens, die gesuchten Antreiber sind natürlich, in dieser Reihenfolge, Be perfect! und Please me!

Trotzdem versucht Lucy, sich ihre verdiente Anerkennung zu holen. Ihr gutes Recht. Jede Leistung verdient Anerkennung. Sie sagt: «Chef, der Auftrag ist der größte, den wir jemals aus dieser Branche bekamen. Er hat einen Wert von 2 Millionen. Und Sie regen sich über 25 DM auf? Das halte ich für ziemlich überzogen.» Was passiert? Richtig, der Chef geht an die Decke: «Wir arbeiten hier gründlich! Was soll der Finanzvorstand von dieser Schlamperei halten? Wenn Sie das anders sehen, können Sie ja woanders Ihre Brötchen verdienen!» Eigentor. Merke:

Versuche nie, einem Angetriebenen den Antreiber auszureden!

Je mehr man einem Angetriebenen den Antreiber ausreden will, desto verbohrter wird er. Man muß die Sache anders anpacken. Der Antreiber schaltet den gesunden Menschenverstand ab. Also muß man diesen wieder einschalten, will man den Antreiber ausschalten:

«Chef, der Riesenauftrag ist da. Hier, sehen Sie, die Unterlagen.»

«Hmh, da fehlen ja Belege über 25 DM.»

«Lassen Sie mal sehen. Stimmt. Toll, wie Sie das auf den ersten Blick erkannt haben. Reiche ich sofort nach. (Bestätigung des Antreibers dient der Vorbereitung für die finalen Frage:) Und wie sind Sie sonst mit meiner Leistung zufrieden?»

«Jaja, ganz ordentlich (Anerkennung abgeholt). Wenn nur nicht diese Spesenfehler wären.»

«Wieviel Prozent meiner Leistung schmälert dieser Fehler?»

«Wie meinen Sie das?»

«Ohne Spesenfehler wären es 100 Prozent. Nach Abzug des Fehlers, wieviel bleiben?»

«Naja, gemessen am Auftragswert ist das nicht mal ein Prozent.»

«Also sind Sie mit 99 Prozent meiner Leistung zufrieden?»

«Klar, logisch, sonst ist das schon eine tolle Leistung. Immerhin ist das der größte Auftrag bislang aus dieser Branche (dicker Anerkennungspunkt). Wenn nur diese Spesenfehler nicht wären ...» (Rückfall in den Antreiber)

Noch ein Beispiel. Chef hechelt herein: «Müller, hier, machen Sie mal! Und denken Sie an die Feasibility-Studie. Und geht das mit der Auslieferung nicht ein bißchen schneller?» Müller: «Was? Wie? Können Sie mir das mal erklären? Was wollen Sie denn genau? Und was verstehen Sie unter einer fiesen Studie? Davon weiß ich nichts!» Resultat? «Müller, wenn ich Ihnen hier haarklein alles auseinanderklamüsern muß, kann ich das gleich selbst erledigen. Also stehen Sie nicht rum, kommen Sie in die Gänge! Zackzack!» Was tun wir? Wir ziehen zerknirscht von dannen und holen uns die nötige Information eben woanders: bei der Sekretärin des Chefs, bei Kollegen, Projektleitern, anderen Führungskräften ... Und wir regen uns höllisch über diese Umwege auf, die der Chef uns da aufbürdet. Das ist offensichtlich die falsche Strategie, mit einem hektischen Chef umzugehen.

Kontra geben geht bei Antreibern immer schief. Versuchen Sie nicht, einen hektischen Chef herunterzubremsen, gehen Sie sein Tempo mit. Klagen Sie nicht, das verschwendet nur die kurze Zeit, die Sie mit dem Chef haben. Stellen Sie in dieser Zeit möglichst konkrete Fragen: Bis wann wollen Sie das erledigt haben? Ist das wichtiger als X (was Sie gerade auf dem Tisch haben)? Welches Ergebnis soll herauskommen? Wenn er sich windet und schon wieder auf dem Absprung ist, verhandeln Sie mit ihm: «Chef, wenigstens fünf Minuten. Sonst kann ich das nicht zu Ihrer Zufriedenheit erledigen.» Das hilft meist, denn der hektische Chef will nur deshalb so schnell wieder weg, weil er denkt: «Jetzt fragt der mir stundenlang ein Loch in den Bauch!» Vor allem, wenn Sie selbst als Be perfect! bekannt sind! Fünf Minuten kann jedoch auch ein Hurry up! erübrigen. Was danach nicht erschöpfend beantwortet ist, können Sie sich aus anderen Qellen holen. Es ist jedenfalls bedeutend weniger, als wenn sie gleich zur Sekretärin gehen.

Denken Sie immer daran: Ihr Chef ist ein Hektiker, kein Perfektionist. Es ist ihm im Grunde piepegal, *wie* die Arbeit erledigt wird. Er will nur, *daß* sie erledigt wird. Wenn Sie 50 Prozent abliefern, merkt er das meist nicht mal. Im Gegenteil. Da er ein Hurry up! ist, haut er Ihnen auf die Schulter: «Klasse! Schnell erledigt! Darauf kommt es an!» Selbst wenn er, unwahrscheinlicher Fall, sagt: «Aber da fehlt ja was!», seien Sie clever, seien Sie biblisch, vergelten Sie Gleiches mit Gleichem: «Aber das dauert doch viel zu lange! Das hält doch nur auf! Das muß zackzack gehen!» Sie trauen sich nicht, nur 50 Prozent abzuliefern? Auch wenn Sie wissen, daß Ihr Chef ein Hurry up ist? Okay, aber das ist nicht das Problem Ihres Chefs. Das ist Ihr Problem. Es heißt Be perfect!

Ist Ihr Chef ein Please me!, nützt es nichts, wenn Sie ihm sagen: «Hauen Sie höhern Orts endlich auf den Tisch! Da muß was geschehen! So geht das nicht weiter!» Er kann nicht. Er möchte es denen da oben recht machen. Werden Sie gleich höhern Orts vorstellig. Das ist zwar eine grobe Verletzung des Dienstweges. Aber der einzige, der das ernsthaft monieren könnte, tut es nicht, da er es auch Ihnen recht machen möchte. Sie können nicht so einfach Ihren Chef übergehen? Auch wenn dieser ein eklatanter Please me! ist? Räumen Sie Ihren eigenen Please me! aus. Das mag einige Tage dauern, aber irgendwann sind Sie auch soweit.

Wenn wir von gleichgestellten Personen angetrieben werden, ist das Problem nicht ganz so komplex wie beim Chef. Zwar hilft ausreden immer noch nichts: «Hör endlich auf, auch noch meine Unterhosen zu bügeln! Das ist ja nicht zum Aushalten!» – «Aber dann passen viel mehr aufeinander in die Schublade!» Man kann niemandem den Antreiber ausreden. Aber man kann den Menschenverstand wieder einschalten, indem man ganz vernünftig mit dem Betreffenden redet: «Ich finde es toll, wie du den ganzen Haushalt in Schuß hältst (niemals mit Kritik beginnen, Partner macht zu, aber: Anerkennung muß konkret und glaubwürdig sein). Aber es gibt Wichtigeres als gebügelte Unterhosen. Seit Wochen hatten wir keine Zeit mehr für uns. Ich möchte mal wieder mit dir Tanzen gehen ...» – «Aber der Haushalt. Da muß noch so vieles getan werden.» Kritische Stelle, Be perfect! bäumt sich auf, also nie widersprechen, sondern: «Ja, stimmt. Aber es gibt Wichtigeres. Wir sind wichtiger. Oder möchtest du, daß wir irgendwann das perfekte Haus haben, uns aber nichts mehr zu sagen haben?» Wenn das den Perfektionismus überragende Ziel eingeführt wird, beginnt der Be perfect! meist nachdenklich zu werden. «Hmh, stimmt schon, aber die Unordnung im Keller ...» Jetzt kommt das Angebot der Erlaubnis (s. vorne): «Niemand wird sich darüber beschweren. Die Kinder sind im Bett und ich, ich werde mich nicht beschweren. Also: Was hält uns noch? Und wenn's dich danach immer noch juckt, dann helfe ich dir morgen mit dem Keller.»

Ziemlich umständlich, nicht? Wenn der Chef Haare spaltet oder Hektik macht, wenn der Partner es zu genau nimmt, kann man nicht einfach sagen: «Wie bitte? Schraube locker? Komm auf den Boden zurück.» Das heißt, können kann man schon. Leider wissen wir recht gut, was dabei herauskommt. Meist ein mittelschwerer Krach mit abschließender Resignation: «So ist der halt. Der ändert sich nimmer!» Falsch. Er würde sich schon ändern. Aber nicht, solange man mit der Keule draufhaut. Draufhauen funktioniert nicht, wird aber – Macht der Gewohnheit – als richtig empfunden. Es dauert eine Weile, bis man sich den Antreiber-Nußknacker rhetorisch antrainiert hat. Und das ist bitter nötig. Denn die Antreiber ruinieren unser halbes Leben.

«Hatten Sie schon mal diese Sperre im Kopf?»
«Mein ganzes Leben lang.»
Ray Liotta und Whoopi Goldberg
in «Corinna, Corinna»

For the impossible he
who lives inside me
Erica Jongs Widmung zu ihrem Roman
«Any Woman's Blues»

6 Die Erfolgsblockade: Teile der Persönlichkeit

Wenn nichts mehr geht

Wie kommen Sie voran? Bestimmt hatten Sie schon das eine oder andere Aha-Erlebnis. Vielleicht entdeckten Sie, welcher Sekundärgewinn eines Ihrer Ziele ausbremst oder wo in Ihrem Zielrahmen sonst etwas nicht stimmt (s. Kapitel 2). Vielleicht haben Sie schon einige der Sabotagetonbänder in Ihrem Hinterkopf entdeckt (Kapitel 3). Und welche Desasterfilme laufen bei Ihnen ab (Kapitel 4)? Welche Antreiber flüstern uns ein (Kapitel 5)?

An den gezeigten Sabotage-Abwehr-Strategien erkennen wir eine Stufenfolge: Wir können in unserem Leben viel mehr erreichen, wenn wir unsere Ziele in einen besseren Rahmen stecken oder den Sekundärgewinn integrieren. Wenn das nicht reicht, wenn wir trotz sauber geklärter Ziele immer noch gegen Erfolgsmauern stoßen, gehen wir einfach eine Stufe höher: Was behindert uns? Wir entdekken Tonbänder und Filme. Und wenn trotz neuer, überarbeiteter Bänder und Filme eigentlich unerklärliche Rückfälle passieren, gehen wir noch eine vierte Stufe höher. Wir schauen nach, welche Antreiber die Negativfilme immer wieder einschalten.

Damit werden Sie einen Großteil Ihrer bislang unerreichten Ziele erreichen. Manchmal bleibt ein Rest. Zeit für Stufe fünf:

Fünf Stufen zum Erfolg

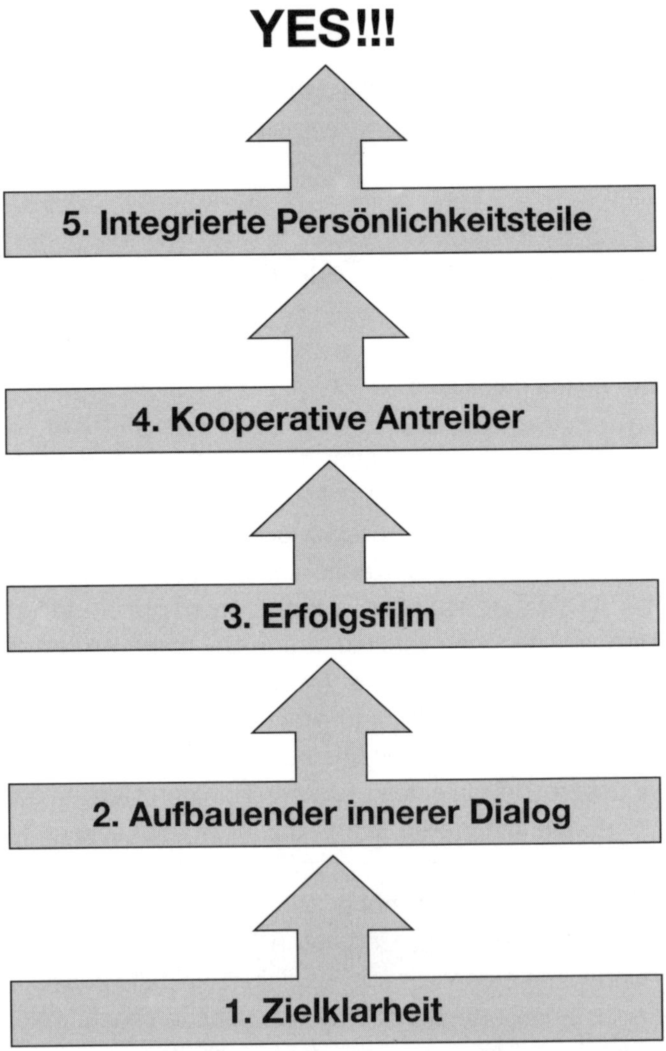

- Obwohl Sie Ihren Erfolgsfilm absolut sicher beherrschen, schaltet sich der Desasterfilm unerklärlicherweise immer wieder ein.
- Trotz höchster Achtsamkeit und bestem Training können Sie Ihre(n) Antreiber nicht unter Kontrolle bekommen.
- Sie würden Ihr Ziel gerne per Kontextplanung und Erfolgsfilm planen, aber Sie wissen überhaupt nicht, was Ihr Ziel ist: Sie sind zwischen mindestens zwei Wünschen hin- und hergerissen und können sich für keines entscheiden, ohne ein schlechtes Gewissen zu haben.
- Es passieren immer wieder Rückfälle, die eigentlich nicht passieren dürften.
- Sie sind in bestimmten Situationen einfach blockiert.

Diese Blockadesituationen tauchen regelmäßig auf. Wir möchten eigentlich super kreativ sein, um dem neuen Kunden eine tolle Lösung zu präsentieren – aber im Kopf ist Flaute. Wir möchten endlich dem Chef Feedback geben, aber wir trauen uns einfach nicht oder finden nicht die richtigen Worte. Michael hat das Angebot seines Lebens: «Werksleiter in Hamburg – ausgerechnet jetzt, wo die Familie sich endlich in München eingelebt hat. Wir würden unseren gesamten Freundeskreis verlieren!» Wenn man derart hin- und hergerissen ist, nützen auch die smarteste Zielformulierung, der zahmste Antreiber und die probaten Self-Management-Mittel wie zum Beispiel die Pro/Kontra-Liste nicht weiter.

Michael listet alle Pro und Kontra auf – das ist es doch, was die Erfolgsratgeber raten. Hinterher ist er so schlau als wie zuvor. Sein Kopf weiß zwar genau, was Sache ist. Aber vom Gefühl her ist er noch immer gespalten: «Einerseits möchte ich nach Hamburg, andererseits möchte ich hierbleiben ...» Kurz: Er ist blockiert. Er will sich entscheiden, aber er kann nicht. Wir kennen diese innere Blockade von vielen Gelegenheiten. Vor allem Kreative wie Journalisten, Schriftsteller, Konstrukteure, Designer, Texter, Führungskräfte, Werbeleute oder Verkäufer kennen dieses Gefühl. Man will oder muß, aber kann nicht. Einige dieser Phänomene haben sogar eigene Namen, wie der Writer's block, die Schreibblockade. Das klingt ein bißchen nach Schnupfen: eine Krankheit, die man hat, aber eigentlich nichts dafür kann. Doch das stimmt nicht. Wir können sehr viel dafür oder besser: dagegen.

Lärm im Kopf

Jeder weiß, wie es ist, wenn man innerlich blockiert ist. Und wir wissen, wie unüberwindlich dieses Gefühl erscheint. Hinterher verfliegt es meist – wenn es zu spät ist. Wie aber löst man die Blockade dann, wenn's drauf ankommt? Der Schlüssel zur Blockadelösung liegt in einer Äußerung von Michael: «Einerseits möchte ich nach Hamburg, andererseits möchte ich hierbleiben ...» Wie kann ein und dieselbe Person zwei gegensätzliche Dinge wollen? Ich habe doch nur einen Kopf, also sollte ich auch nur eine Meinung haben.

Manchmal ist der Lärm in unserem Kopf nicht auszuhalten. Während wir am Schreibtisch sitzen und unserer Arbeit nachgehen, sagt eine innere Stimme: «Viel lieber würde ich jetzt was anderes machen.» Sofort kontert eine andere Stimme: «Aber diese Arbeit ist wichtig!» Und eine dritte meckert: «Delegier doch die Routineaufgaben endlich jemand anderem!» Bei diesen ständigen Begleitgeräuschen kann man kaum einen klaren Gedanken fassen. Manche Menschen nehmen diese inneren Stimmen nicht als Stimmen, sondern als Chaos der Gefühle wahr: Wir sehnen uns nach ein bißchen Ruhe, aber dann packt uns das schlechte Gewissen, und sofort kommt der Überdruß gegen diesen Job hinzu ... Manchmal hat man das Gefühl, unter einer Gefühlslawine begraben zu werden.

Was ist los in unserem Kopf beziehungsweise in unserem Bauch? Wir sind nicht allein. Ständig geistern eine Menge Stimmen, Bilder und Gefühle in unserem Inneren herum. An der Bar steht ein toller Typ. In Bruchteilen einer Sekunde ist ein ganzes Gremium in unserem Kopf/Bauch versammelt:

Die beste Freundin: «Jetzt steh nicht rum! Sprich ihn an!»

Die Mama: «In diesem Kleid? Was denkt er dann von dir!»

Die Skeptikerin: «Na, sein Typ bist du bestimmt nicht.»
Die Draufgängerin: «Was soll's? No risk no fun!»
Die Vernünftige: «Schon wieder eine neue Beziehungskiste?»

Zwei Seelen sitzen, ach, in meiner Brust, sagt Goethes Faust. Nur zwei? Der Mann hat's gut. Meist ist es eine ganze Handballmannschaft. So gesehen ist man nie allein, auch wenn man alleine ist. Der Volksmund weiß, daß unsere Persönlichkeit aus vielen Teilen besteht, wie die Redewendungen zeigen: sich selbst ein Bein stellen, sich im Wege stehen, innerlich zerrissen sein, mit sich selbst uneins sein, das Kind im Manne – bei allen diesen Sprachfiguren kann man sich bildhaft vorstellen, wie in uns noch jemand steckt, der uns ein Bein stellt, uns im Wege steht, sich kindisch verhält ...

Unsere Persönlichkeit hat viele Teile. Und diese Teile reden. Ständig. Das kann recht amüsant sein. Man bewegt sich in guter Gesellschaft und hat immer jemanden, mit dem man reden kann. Wenn man sich gut mit seinem inneren Team versteht. Wenn nicht, passiert genau das, was auch im äußeren Leben passiert, wenn ein Team sich nicht versteht: Es sabotiert sich selbst. Wir sind blockiert.

Die innere Blockade entdecken

Wann immer wir innerlich zerrissen sind, treibt ein Teamspieler quer. Das passiert alltäglich. Wir sollten jetzt das Auto zum Kundendienst bringen, aber eigentlich möchten wir auch diesen Bericht zu ende tippen. Wir tippen zwar den Bericht zu Ende, haben aber ständig diese innere Stimme im Kopf: «Geh zum Kundendienst!» Man kann diese Stimme ignorieren. Beim Kundendienst ist das nicht so schlimm. Schlimm wird es nur, wenn der ignorierte Teil grobe Geschütze auffährt. Wie bei Michael. Er müßte eigentlich eine Entscheidung treffen, die sein Leben verändern wird, kann aber nicht. Ein Teil seiner Persönlichkeit fand so lange kein Gehör, daß er sich nun über eine innere Blockade, einen Sitzstreik sozusagen, Gehör verschafft – weil es anders nicht mehr geht. Die Stimmen in unserem Kopf sind nicht nur Weißes Rauschen. Sie sind nicht nur so zum Spaß da. Nein, die inneren Stimmen reden, *weil sie gehört werden wollen.* Sie haben uns was zu sagen.

Hört man längere Zeit nicht hin, hat das wie bei Michael fatale Folgen. Der ignorierte Teil von uns stellt uns ein Bein. Wir fühlen uns zerrissen, blockiert, von rätselhaften Rückfällen oder Erfolgsblokkaden verfolgt. Gerade als Michael zum entscheidenden Karrieresprung ansetzt, lähmt Teil X seiner Persönlichkeit seine Beine – er bleibt mitten im Anlauf stehen und weiß nicht vor, noch zurück. Obwohl wir unseren Antreiber abtrainiert haben, kommt er immer wieder zurück. Obwohl wir einen perfekten Erfolgsfilm gebastelt und zigmal abgespielt haben, wachen wir nachts um vier doch wieder auf, und der Desasterfilm läuft. Warum? Weil ein Teil sich der Desasterfilme und Antreiber bedient, um auf sich aufmerksam zu machen. Je weniger wir auf bestimmte Teile hören, desto stärker aktivieren sie Bänder, Filme und Antreiber. Wer also immer noch trotz bestem Training Probleme hat, seine Wünsche wahr zu machen, muß die verschütteten Persönlichkeitsteile ausgraben.

Diese Ausgrabungsarbeit ist nicht leicht. Manche Menschen schreckt schon der Gedanke daran ab. «Teile? Ich habe doch keine Teile in meinem Kopf. Ich bin doch nicht verrückt.» Natürlich nicht. Vielleicht ist der Begriff «Teil» etwas unglücklich. Niemand teilt sich gerne auf oder leidet gerne unter Persönlichkeitsspaltung. Aber jeder Mensch hat seine guten und seine weniger guten Seiten. Wir sind vielseitig. Wir haben viele Seiten. «Hey, von dieser Seite kenne ich dich noch gar nicht!» «Siehste? Ich habe viele verborgene Qualitäten.» Daß diese Seiten zu uns sprechen, ist eigentlich ganz akzeptabel. Wie sonst könnten wir sie nutzen?

Michael hat seinen Teil X, der ihn blockiert, schon so lange ignoriert, daß er gar nicht mehr weiß, wer da hinter seinem Rücken Randale macht. Manche Menschen wollen das auch gar nicht wissen. Sie regen sich lieber höllisch über Teil X auf: «Verdammt nochmal, warum funkst du mir jedesmal dazwischen, wenn ich einen Typ ansprechen will?» Oder: «Warumwarumwarum bin ich immer so arrogant, wenn ich präsentieren muß?» Das Problem ist: Solange man sich nur darüber aufregt, hört das nicht auf. Die Erfolgsblockade besteht so lange weiter, solange Teil X ignoriert wird. Wobei Erfolgsblockade im weitesten Sinne zu verstehen ist. Blokkiert zu sein, kann vieles bedeuten. Zum Beispiel, daß wir ein bestimmtes Verhalten einfach nicht abstellen können. Oder daß wir ein bestimmtes Verhalten nicht herstellen können. Zum Beispiel gewinnendes Auftreten oder kompetentes Führungsverhalten. Oder daß wir einen Zustand nicht beenden oder herstellen können: dauernd sind wir müde, unkonzentriert, schlecht gelaunt, ideenlos, lustlos oder anfällig für Krankheiten. Viele Menschen suchen sich geradezu ihre Krankheiten. Das heißt, nicht *sie* suchen, sondern ihr Teil X. Da lohnt es sich, auf die Suche nach Teil X zu gehen.

Die Suche nach Teil X: Wer spricht denn da?

Wann immer wir das Gefühl haben, in einer bestimmten Situation oder bezüglich einer bestimmten Frage, Angelegenheit oder Entscheidung innerlich zerrissen, blockiert, unentschlossen, verwirrt oder nicht im reinen mit uns selbst zu sein, stellt uns ein Teil von uns ein Bein. Das tut er so lange, bis wir Kontakt zu ihm aufnehmen und die Blockade klären. Suchen Sie sich ein Vorhaben oder eine Situation aus, in der Sie trotz vieler Anstrengungen nicht weiter kommen. Eine der typischen liegengebliebenen, unerledigten Angelegenheiten. Nehmen Sie Kontakt mit dem Teil von Ihnen auf, der hier etwas zu sagen hat. Es ist leicht, Kontakt zu seinen Persönlichkeitsteilen herzustellen. Auf unseren Seminaren nennen die Teilnehmer ganz spontan die Teile, die ihnen präsent sind, zum Beispiel:

Der Gesundheitsteil: «Das ist ungesund. Iß nicht so viel Fettes!»

Der Genußteil: «Ach was, gönn dir mal was!»

Der Pflichtteil: «Das gehört sich so und so. So macht man das.»

Der Harmonieteil: «Hauptsache, wir kommen gut miteinander aus.»

Der Risikoteil: «No risk, no fun. Man muß auch mal was wagen.»

Der Sicherheitsteil: «Geh lieber auf Nummer sicher.»

Der Ethikteil: «Was wäre, wenn alle so dächten?»

Der Kreativitätsteil: «Das könnte man doch ganz anders machen!»

Der Durchsetzungsteil: «Gib nicht nach. Setz dich durch!

Das Teile-Konzept

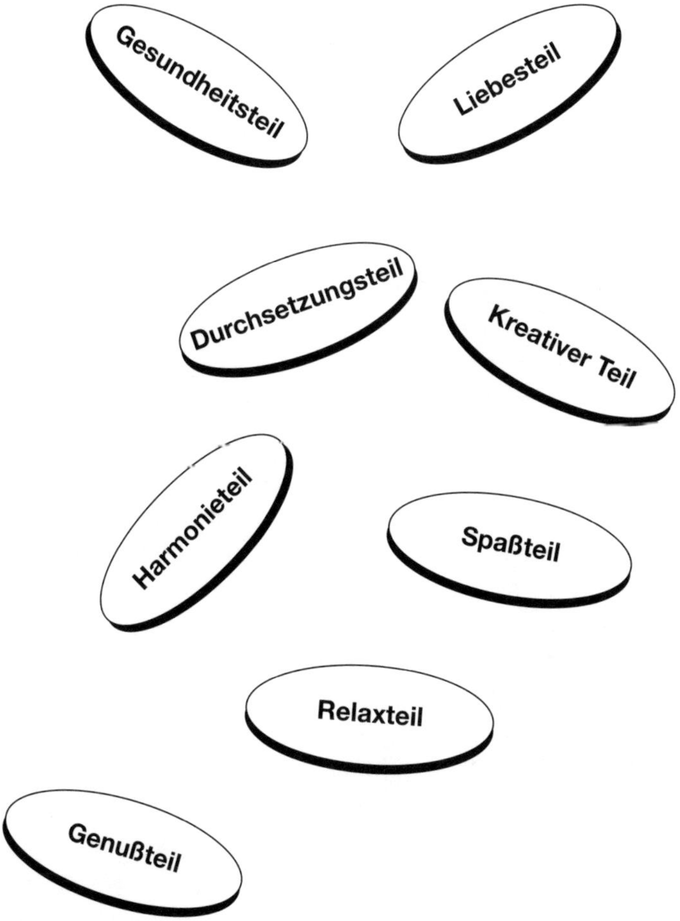

Schritt 1

Wer spricht zu mir? Welcher Teil ist verantwortlich?

Klinken Sie sich für fünf Minuten aus der Alltagshektik aus. Schließen Sie die Tür. Wie man eventuell auftauchende Antreiber, die Sie davon abhalten wollen, zur Ruhe bettet, wissen Sie inzwischen (Kapitel 5). Also dann. Begeben Sie sich geistig in Ihre Erfolgsblockade hinein. Was gelingt nicht? Welches eigene Verhalten oder welcher Zustand stört Sie? Welche Gefühle steigen dabei in Ihnen auf? Wut, Frust, Ärger, Hilflosigkeit, Enttäuschung, Sorge, Zweifel ...? Machen Sie sich bewußt: Hier wirkt ein Teil von mir, der mir bisher nicht bewußt war. Wie macht sich dieser Teil bemerkbar? Wenn Sie an Ihre Blockade und den verborgenen Teil X denken,

- gehen Ihnen dabei Gedanken, Ideen, Bilder durch den Kopf?
- läuft ein Tonband, fällt ein Stichwort?
- kommt ein bestimmtes Gefühl hoch?

Welcher Teil in mir ist verantwortlich für dieses lästige Verhalten oder dieses unangenehme Gefühl, das ich einfach nicht loswerde? Manchmal meldet sich der Teil sofort. Manchmal meldet er sich erst nach wiederholtem Fragen, weil er so lange nicht gehört wurde und verschüttet ist. Mit etwas Übung können Sie bald schon den Kontakt zu Teil X auch ohne Rückzug in ein stilles Kämmerlein herstellen. Es reicht dann völlig, kurz innezuhalten und sich zu fragen: «Moment, was mache ich eigentlich? Und warum? Wer steckt dahinter?»

Nicht immer ist die Kontaktaufnahme ein freudige Begegnung. Manchmal würde man Teil X am liebsten hochkant rauswerfen. «Was bildet der sich eigentlich ein? Ich reiß mir hier einen aus, lege mich ins Zeug und der fährt mir in die Parade!» Einen Ehepartner, der sich so was leistet, würde man verlassen. Einen Mitarbeiter rauswerfen, einem Freund die Freundschaft aufkündigen. Und tatsächlich versuchen wir das auch ständig unbewußt mit uns selbst: «Jetzt halt endlich die Klappe, wenn ich mich mit dem Chef unterhalte!» «Funk mir nicht dauernd dazwischen! Ich muß mich konzentrieren.» Wie gut das funktioniert, haben wir erfahren. Da wir uns eben nicht von einem eigenen Persönlichkeitsteil scheiden lassen können, geht der verschmähte Teil in den Untergrund und blockiert uns.

Schritt 2

Was will Teil X von mir? Welche Absicht hat er?

Versuchen wir gleich gar nicht, Teil X vor die Tür zu setzen. Was das bringt, erfahren wir täglich: Nichts. Versuchen wir lieber herauszufinden, weshalb er uns blockiert. Warum läßt der Blockierer Michael nicht nach Hamburg umziehen? Wo dort doch *die* Karrierechance auf ihn wartet! Was will der Teil? Das sagt er uns, aber erst, wenn er gefragt wird. Sprechen Sie Teil X direkt an. Er blockiert Sie nur deshalb, weil er mit Ihnen reden will. Also reden Sie mit ihm. Fragen Sie ihn, was er sich eigentlich dabei denkt: Was willst du? Was willst du damit erreichen? Was willst du von mir? Erwarten Sie kein gestochen scharfes, perfekt durchformuliertes E-Mail. Teil X hat es gern geheimnisvoll. Er spricht in Rätseln, in Symbolen, Gefühlen, wilden Assoziationssprüngen und nebulösen Gedanken zu Ihnen. Das ist ein Riesenfortschritt. Denn bislang sprach er nur über die Sabotage zu Ihnen. Also gratulieren Sie sich. Teil X spricht mit Ihnen. Spüren Sie seinen Andeutungen und diffusen Gefühlen nach. Schon nach kurzer Zeit trifft Sie ein Gedankenblitz oder ein überwältigendes Gefühl. Sie haben Ihr Aha-Erlebnis. Sie verstehen nun, woher die Blockade kommt, was Teil X damit bezweckt. Regelmäßig gibt es dabei eine Überraschung: Teil X ist überhaupt kein Saboteur! Er meint es gut mit uns! Er hat im Grunde eine positive Absicht. Er wahrt eines unserer Interessen. Er packt es nur leider völlig falsch an.

Als Michael in sich hineinhorcht, kommt ihm plötzlich «Tennis» in den Sinn. Zuerst wischt er es weg: «Ich darf mich jetzt nicht ablenken lassen! Ich muß dranbleiben und das Ziel von Teil X herausbekommen!» Aber dann fällt ihm ein, daß genau dieses Verhalten falsch sein könnte. Weggewischt hat er bislang viel zu oft. Vielleicht ist «Tennis» das, was ihm Teil X sagen will. Und je länger er darüber nachdenkt, desto mehr Glieder bekommt seine Gedankenkette: in letzter Zeit nie mehr Tennis gespielt – keine Zeit, zu viel Arbeit – Tennis machte früher so viel Spaß – mit dem neuen Job gibt es bestimmt noch mehr Arbeit – noch weniger Tennis. Aha! Teil X will Michael nur davor bewahren, auszubrennen. Auch wenn Teil X dabei die Notbremse ziehen muß. Weil der Tennisimpuls so oft abgeblockt wurde – «Nicht jetzt, keine Zeit!» –, ging Teil X irgendwann in den Untergrund und blockte zurück.

Schritt 2 erfordert viel Achtsamkeit. Denn im ersten Moment erscheint uns das, was da hochkommt, als absurd, bizarr oder völlig daneben. Manchmal nehmen wir es auch gar nicht wahr, wenn Teil X sich endlich zu Wort meldet. Weil er so zaghaft, undeutlich, leise und irrational spricht. Wir warten auf das große Neonschild, die sonore Stimme aus dem Hintergrund: «Und hier kommt des Rätsels Lösung!» Leider ist Teil X kein Tagesschausprecher. Er verlautbart nicht. Er macht geflüsterte Andeutungen. Man benötigt gute Ohren und einen wachen Geist, um das mitzubekommen. Introspektion ist nicht wie Telefonieren. Eher wie Sonarhorchen im U-Boot: Schon das kleinste Ping kann den großen Unterschied bedeuten.

Sobald wir die gute Absicht des Blockadeteils entdecken, verspüren wir eine innere Hemmung, ihn weiter «Blockadeteil» zu titulieren. Und das ist noch ein zahmer Begriff. Susi nennt ihren Rendez-vous-Zerstörer zunächst den «Feigling in mir». Doch sobald man die Absicht des Blockierers kennt, bekommt man ein schlechtes Gefühl, wenn man ihn beschimpft. Sich selbst zu beschimpfen ist irgendwie nicht sonderlich konstruktiv. Vor allem, wenn man die Blockade abstellen will. Denn bislang taten wir ja nichts anderes: «Nicht jetzt! Ich muß mich konzentrieren! Denk an was anderes!» Teil X hat uns nur deshalb so lange blockiert, weil wir ihn ständig verdrängten. Wollen wir die Blockade aufheben, müssen wir unser Verhalten umdrehen: Akzeptieren statt ablehnen. Akzeptieren heißt nicht in Bausch und Bogen gutheißen. Akzeptieren beginnt damit, daß wir Teil X keine Schimpfnamen geben, sondern einen konstruktiven Namen.

Michael nennt seinen Teil X den Spaßteil. Er hat ihn vermißt. Und das sagt er ihm auch. Sofort fühlt er – Michael – sich um Tonnen erleichtert. Die Blockade ist zwar noch da, aber sie drückt ihn nicht mehr runter. Diese innerliche Befreiung ist wichtig. Bedanken Sie sich bei Teil X. Er hat ein nobles Ziel, eine gute Absicht, ein wichtiges Interesse. Daß er sich bei der Wahl seiner Mittel vergriff, ist nicht ausschließlich seine Schuld. Wir haben ihn zum Teil auch dazu getrieben, weil wir ihn zu lange ignorierten. Also sagen Sie ihm das. Kommt Ihnen dämlich vor, mit sich selbst zu reden?

Manchen Menschen fällt es schwer, vernünftig mit anderen Menschen zu reden. Das beginnt schon bei so unschuldigen und liebenswürdigen Wesen wie Kleinkindern: «Heb das endlich auf! Mach keine solche Sauerei!» fällt viel leichter zu sagen als: «Hoppla, bitte heb das wieder auf. Mama hat sonst eine Mordsarbeit damit und ist traurig.» Funktioniert nicht? Dann reden Sie schon viel zu lange im Kasernenhofton mit Ihrer Umgebung. Homo sapiens heißt grob übersetzt: vernunftbegabtes Wesen. Es kostet manchmal Überwindung, aber wir können vernünftig mit uns und anderen reden. Mit weitreichenden Konsequenzen. Man hat herausgefunden, daß große Motivatoren, also jene Führungskräfte und Menschen, denen andere begeistert folgen, keine genialen Tricks draufhaben, sondern einfach nur mit Respekt und Einfühlungsvermögen zu anderen reden. Und daß Menschen mit unerschütterlichem Selbstvertrauen keinen überragenden Intellekt haben, sondern lediglich einen höflichen und vernünftigen Umgangston mit sich selbst pflegen. Also bedanken Sie sich bei Teil X für die Wahrung eines Ihrer Interessen. Der Name, den Sie ihm geben, sollte diese gute Absicht widerspiegeln. Plötzlich ist Teil X nicht mehr der Saboteur, Blockierer oder Beziehungskiller, sondern der Spaßteil, der Sicherheitschef oder der Wahrer der Eigenständigkeit.

Sie wissen immer noch nicht, warum zum Kuckuck Ihr Teil X Sie sabotiert? Das kommt vor. Teil X ist ein echter Guerillero. Er war so lange im Untergrund, daß er sich nicht so schnell wieder ins Freie wagt. Macht nichts. Bedanken Sie sich trotzdem bei ihm. Auf Vorschuß. Sie wissen ja, daß er Ihnen etwas sagen will. Er wird schon reden, wenn er davon überzeugt ist, daß Sie es ernst mit ihm meinen und ihn nicht gleich wieder unterbuttern, sobald er seine Interessen anmeldet. Sie wissen auch, daß er im Grunde ein gutes Ziel verfolgt, nur mit den falschen Mitteln. Also ist Ihr Dank objektiv gerechtfertigt. Und subjektiv bitter nötig. Denn was bedeutet eine Blockade letztlich? Daß Ihr Selbstvertrauen gestört ist. Selbstvertrauen gewinnt man nur zurück, indem man Vertrauen schenkt. Vertrauen ist ein Deal auf Gegenseitigkeit. Wenn jeder wartet, bis der andere den ersten Schritt tut, passiert nichts. Pflegen Sie Ihr Selbstvertrauen. Bedanken Sie sich bei Teil X.

Was Ihr Teil X will, ist Ihnen noch schleierhaft. Das finden wir jetzt heraus. Versetzen Sie sich geistig in Ihre Blockade hinein. Welches Verhalten, welchen Zustand empfinden Sie als Blockade? Lassen Sie das Gefühl für die Blockade wieder hochkommen.

Jetzt rufen Sie eine gute Fee. Hier ist sie schon. Sie erfüllt Ihnen einen Wunsch. Sie hebt die Blockade auf. Wenn Sie Probleme mit der guten Fee haben, stellen Sie sich statt dessen vor, daß in zwei Wochen, Monaten oder Jahren die Blockade endlich verschwunden ist. Tun Sie einfach so, als ob die Blockade aufgehoben ist, und fragen Sie sich: Freue ich mich jetzt? Ist endlich eingetreten, was ich mir so lange wünschte? Hat das Nebenwirkungen? Aber sicher. Jedes Wohl hat (mindestens) ein Weh. Endlich Sahnetorte, so viel ich mag, führt unweigerlich zu einem verdorbenen Magen. Natürlich ist die Blockadeaufhebung ein Segen – aber was bringt er mit sich? Suchen Sie die negativen Folgen, wenn sie Ihnen noch so an den Haaren herbeigezogen scheinen.

Michaels Negativfolgen sind klar: Teil X (sein Spassteil) glaubt, daß nach einer neuerlichen Beförderung der Spaß total gestrichen ist. Aber welche Negativfolgen könnten zum Beispiel Elvira das Abgewöhnen des berufsbedrohenden Lasters des Zuspätkommens verbauen? Sie hat schon zwei Abmahnungen in der Tasche. Warum kommt sie nicht endlich pünktlich? Pünktlichkeit hat doch nur Vorteile! Mal abgesehen von der Disziplin, die es erfordert. Aber

Disziplin ist doch kein Nachteil! Also wo sollen hier Negativfolgen liegen? Wenn Elvira sich jedoch vorstellt, von nun an immer pünktlich zu sein, hört sie ganz leise ihren Freiheitsteil klagen: «Die vereinnahmen dich noch total!» Ihr Individualitätsteil findet es schön, wenn sich alle Köpfe nach ihr umdrehen, wenn sie zu spät in die Sitzung kommt.

Finden Sie Ihre Nachteile und stellen Sie ihnen jeweils jenen Persönlichkeitsteil X gegenüber, der das verhindern möchte. Geben Sie ihm wiederum einen Namen, der seine positive Absicht würdigt:

Erster unerwünschter Nachteil: ______________________

wird verhindert durch: ______________________

Zweiter unerwünschter Nachteil: ______________________

wird verhindert durch: ______________________

Dritter unerwünschter Nachteil: ______________________

wird verhindert durch: ______________________

Bedanken Sie sich bei diesen Teilen. Anerkennen Sie deren Verfolgung einer noblen Absicht. Daß sie die falschen Wege gewählt haben, klären wir nachher. Lassen Sie gerade für diese Anerkennung keine Ausrede gelten. «Danke» ist ein mächtiges Wort, ein Anker für gute Gefühle und (Eigen-)Motivation. Das Wort, sagt der Dichter, ist mächtiger als das Schwert. Und unter den mächtigen Worten ist «Danke» ein geradezu magisches. Stellen Sie sich vor, Ihr Chef sagt zu Ihnen: «Danke. Ich bin Ihnen echt dankbar, daß Sie das erledigt haben. Ich habe mir etwas Sorgen um diese Aufgabe gemacht. Sie haben mir diese Sorge genommen. Danke.» Eine Seminarteilnehmerin sagte darauf einmal: «Wenn das mein letzter Chef ein einziges Mal zu mir gesagt hätte, würde ich heute noch für ihn arbeiten.»

Die Verhandlung mit Teil X

Unsere inneren Persönlichkeitsteile bilden eine Mannschaft, ein Team, eine Familie, eine Schiffsbesatzung, eine Firmenbelegschaft oder welche Team-Metapher auch immer Sie bevorzugen. Wenn wir den Stürmer einer Fußballmannschaft bei laufendem Spiel aus der Mannschaft werfen, bricht der Angriff zusammen. Wir spüren das täglich. Je stärker wir gegen die Sabotage von Teil X ankämpfen und ihm den Mund zu verbieten suchen, desto heftiger sabotiert er uns. Actio gleich Reactio. Es macht alles nur noch schlimmer, sich gegen das eigene Team zu stellen. Im Team ist man nur gemeinsam stark. Also müssen wir den Teamzwist irgendwie schlichten.

Diese Schlichtung funktioniert. Zwar ist Teil X so stark, daß er stärker ist als unser Wille. Michael *will* zwar nach Hamburg, aber etwas, Teil X, ist stärker als sein Wille. Aber auch in unserer inneren Mannschaft gibt es einen Kapitän, auf den alles hört. Sie brauchen sich nicht hilflos und ohnmächtig Ihrem marodierenden Teil X ausgeliefert fühlen à la: «Kann ich nix machen. Bin halt so. Ist eben stärker als ich.» Denn so, wie wir unterschiedliche Persönlichkeitsteile haben, so haben wir auch einen inneren Kapitän. Er gehört quasi zur Grundausstattung der Modellreihe Homo sapiens. Das Problem ist nur, daß er nicht immer da ist, wenn die Mannschaft ihn braucht. Also rufen Sie ihn. Wir alle haben einen erwachsenen Teil in unserer Persönlichkeit, der Verantwortung übernehmen kann. Diesen Teil aktivieren Sie jetzt.

Gehen Sie innerlich wieder in die Blockade hinein. Warten Sie, bis Sie ganz darin angekommen sind. Dann vergegenwärtigen Sie sich die Teile, die sich oben als verantwortlich für die Blockade identifiziert haben. Achten Sie darauf, daß Sie diese Teile mit ihren positiven Namen anreden. Wenn der Sicherheitsteil nämlich als «Blockadeteil» angeredet wird, bekämpfen Sie ihn wieder. Prompt taucht er ab. Wählen Sie jenen Teil aus, der Ihrer Meinung nach den größten Anteil an der Blockade hat.

Schritt 3

Wie kann die Absicht von Teil X anders erreicht werden?

Bedanken Sie sich bei Teil X dafür, daß er eines Ihrer Interessen wahrgenommen und hartnäckig verfolgt hat. Das fällt einem manchmal schwer. Springen Sie über Ihren Schatten und gestehen Sie ruhig ein, was objektiv durchaus zutrifft: Teil X hat Sie nur schützen wollen, und das Interesse, das er verfolgte, ist wirklich Ihres. Machen Sie Teil X Ihr Verhandlungsangebot: «Das Interesse muß natürlich weiterverfolgt werden. Absolut. Keine Frage. Es ist unser beider Interesse. Wir müssen lediglich andere Mittel und Wege finden.» Es ist völlig in Ordnung, wenn Sie mit der Mittelwahl von X nicht einverstanden sind. Das bedeutet noch nicht, daß Sie ihn bekämpfen. Man läßt sich vielleicht noch sagen, daß man auf einem anderen Wege mehr Erfolg hätte. Daß man aber die völlig falschen Ziele verfolgt, läßt sich keiner ohne Widerspruch sagen. Vergegenwärtigen Sie sich nochmals die Absicht des dominanten Teiles X. Was will er? Dann suchen Sie gemeinsam mehrere neue Wege, diese Absicht zu realisieren. Ihr kreativer Teil hilft Ihnen dabei:

Neuer Weg 1:

____

Neuer Weg 2:

____

Neuer Weg 3:

____

Natürlich ist das ein arbeitsintensives Vorgehen. Es wäre einfacher, Teil X zum Teufel zu jagen. Aber das geht nicht. Das hat ja die Blokkade erst geschaffen! Es reicht auch nicht, die innere Verhandlung nach dem typischen Manager-Macher-Stil zu führen: «Nun stellen Sie sich nicht so an! Das machen wir jetzt so und so, und damit hat sich's.» Persönlichkeitsteile sind nicht dumm. Sie lassen sich nicht plattmachen oder an die Wand reden. Nur überzeugen. Manche Menschen haben in diesem Punkt mehr Probleme als andere. Ihr ganzes Leben haben sie mit dem Manager-Macher-Gesprächsstil bestritten. Jetzt müssen sie plötzlich ganz anders kommunizieren. Und auch noch mit sich selbst! Das kann schon eine erhebliche Umstellung bedeuten. Aber mit etwas gutem Willen und ein bißchen Übung ist das nicht schwerer zu erreichen als alles andere im Leben auch.

6-Step-Reframing

1.

Kommunikation mit Teil X aufbauen.

2.

Gute Absicht erfragen.
Unterschiede zwischen Absicht
und Verhalten.
Gute Absicht würdigen.

3.

Neue Lösungen mit Hilfe
des kreativen Teils erfragen.

4.

Einverständnis von Teil X prüfen.

5.

Einwände anderer Teile prüfen
und integrieren.

6.

Future Pace.

Schritt 4

Wer könnte dagegen sein?

Wählen Sie den neuen Weg, der Ihnen von den dreien am geeignetsten erscheint. Holen Sie das explizite Einverständnis von Teil X ein: «Wärst du damit einverstanden? Wäre damit dein Interesse gewahrt?» – «Ja, völlig.» Damit haben Sie einen Weg aus der Blockade gefunden, stimmt's? Nicht ganz. Denn zwar wird mit dem neuen Weg das Interesse von Teil X gewahrt. Aber könnte nicht ein anderer Teil gegen diesen neuen Weg sein? Wenn Michael für seinen Spaßteil den Job schmeißt und nur noch Tennis spielt, wäre der Spaßteil mehr als zufrieden, der Sicherheitsteil würde jedoch auf die Barrikaden gehen. Also prüfen Sie Einwände anderer Teile.

Teil ... hält dagegen:

Teil ... hält dagegen:

Teil ... hält dagegen:

Schritt 5

Integrieren Sie die Einwände anderer Teile auf dem Verhandlungsweg.

Wie das im einzelnen funktioniert, sehen wir im nächsten Unterkapitel. Meist geht das jedoch ganz intuitiv. Da Michael nicht Tennisprofi werden möchte, findet er eben einen Kompromiß, der beiden Teilen gerecht wird: einmal die Woche ist Tennisabend. Wenn alle beteiligten Teile damit zufrieden sind, ist das die Lösung. Also verhandeln Sie so lange, bis alle Einwände berücksichtigt sind. Das ist meist eine Sache von Sekunden.

Schritt 6

Was tun Sie wann, wo und wie?

Planen Sie Ihren Lösungsweg aus der Blockade wie ein ganz normales Ziel: smart (s. Kapitel 2). Vereinbaren Sie mit sich und Teil X vor allem einen realistischen Zeitrahmen für die Umsetzung des neuen Weges. In diesem Punkt besteht bei vielen Menschen ein Defizit. Sie kommen zwar recht gut mit ihren inneren Teilen in Kontakt. Sie erkennen, was sie blockiert und warum. Sie sehen auch, wie man Teil X gibt, was er braucht, damit er die Blockade aufgibt. Leider hapert's dann bei der Umsetzung. Michael weiß, daß er sich regelmäßig ein bißchen Spaß gönnen muß, sonst steigt sein Spaßteil auf die Barrikaden. Aber da der Mensch noch lange an alten Gewohnheiten festklebt, paßt es Michael grade nicht – und jetzt auch nicht und jetzt immer noch nicht ... Bald ist er wieder blockiert. Wer seinem Teil X einen neuen Weg verspricht, muß ihn auch gehen, sonst taucht die Blockade wieder auf. Am besten, man eignet sich dazu eine neue Gewohnheit an. Michael ist jetzt jeden Donnerstagabend im Tennis-Center. Und er hat allen Kollegen, Mitarbeitern und sogar seinem Chef gesagt: «In diesen drei Stunden dürfen Sie mich nur stören, wenn Blut fließt.» Seither hat sich sein

Spaßteil nicht mehr gemeldet. Er freut sich schon die ganze Woche auf die drei Stunden Tennis. Und wehe, er bekommt sie nicht ... Teil X schreitet prompt ein.

Sie müssen nicht sofort loslaufen und einen der neuen Wege gehen, um die Blockade aufzuheben. Teil X ist nicht unvernünftig. Er gibt die Blockade bereits auf, wenn Sie ihm das Erfüllen seiner Wünsche in absehbarer Zeit in Aussicht stellen. Teil X ist kein Hurry up! Er kann warten. Sieht er aber, daß es Ihnen nicht ernst ist mit Ihrer Absicht und Sie die Erfüllung seines Wunsches auf die lange Bank schieben, schlägt er wieder zu. Man kann sich selbst nicht für allzu lange Zeit für dumm verkaufen.

Jedesmal, wenn Michael nach seinem Umzug ein neues Projekt übernehmen soll, fühlt er wieder die Blockade hochkommen. Er bedankt sich dann bei seinem Spaßteil für den Hinweis und terminiert einen Extra-Spaßtermin.

Die innere Zerrissenheit

Bislang sahen wir, was passiert, wenn ein Teil unserer Persönlichkeit sich plötzlich eigenständig macht. Richtig stressig wird's, wenn zwei das tun. Wir kennen diese Zerrissenheit aus Alltagssituationen. Die Sonne scheint. Wir wollen ins Freibad. Aber eigentlich liegt noch Arbeit da. Wir fühlen uns hin- und hergerissen und hören im Kopf die Teile streiten: «Tu endlich was für deine Gesundheit. Die Arbeit kann warten!» – «Nein, eben nicht. Das muß jetzt erledigt werden. Faul herumhängen kannst du heute abend noch.» – «Aber da scheint die Sonne nicht mehr!» – «Ach was,...»

Und so weiter. Nicht besonders angenehm. Auf diese Weise kann man sich tage-, ja jahrelang das Leben vermiesen.

Je länger dieser innere Streit andauert, desto heftigere Formen nimmt er manchmal an. Der Streit der Teile eskaliert. Je stärker ein Teil sich durchsetzt, desto stärker kontert der andere. Raucher zum Beispiel können um so stärker zum Vegetarier werden, je stärker sie rauchen. Je despotischer ein Chef heute ist, desto heftiger verwöhnt er seine Mitarbeiter morgen. Die Mitarbeiter denken: «Was ist mit dem los? Gestern so und heute so? Rad ab?» Nein, der Chef leidet nur unter dem Zwist zweier Teile. Denn je heftiger ein Teil über die Stränge schlägt, desto heftiger muß der andere kontern, um die Persönlichkeit im Gleichgewicht zu halten. Paul Watzlawick verwendet ein Bild aus dem Segelsport: Je weiter sich bei Windstille ein Matrose über die Reeling eines kleinen Segelbootes hängt, desto weiter muß ein anderer sich über die andere Seite hinaushängen. Sonst kentert das Boot.

Und je weiter die beiden hinaushängen, desto zerrissener leben wir. Heute paffen wir zwei Schachteln und essen morgen dafür zwei Salatköpfe. Das kann nicht gesund sein. Außerdem plagt uns ständig das schlechte Gewissen. Heute brüllen wir unsere Mitarbeiter an, und morgen spendieren wir ihnen Kuchen. Das führt zu nichts. Da hebt das eine das andere auf. Es ist, als ob wir ständig in zwei Richtungen gleichzeitig unterwegs sind. Dieser Spagat zerreißt die stärkste Psyche. Denn die geistige Energieverschwendung ist enorm. Man strampelt sich wie wild ab, kommt jedoch nicht wirklich weiter. Das spüren wir auch ständig und laden uns obendrein auch noch diese Frustration auf: «Ich ackere wie verrückt und komme doch nicht weiter!»

Aus diesem Dilemma heraus hilft auch nicht die Lösung aus der Hausapotheke, nämlich einem der beiden Teile den Vorzug zu geben: «Ach was, dann bin ich eben ein Despot. Wenn die Leute mich auch fürchten, Hauptsache, sie gehorchen mir.» Das löst unweigerlich eine Identitätskrise aus. Denn man merkt, daß man im Grunde kein Despot ist: «Das bin nicht ich. So bin ich eigentlich nicht. So ist nur ein Teil von mir.» Folgt man diesem einen Teil zu lange, wird man immer unzufriedener und mürrischer. Kein Erfolg kann einen glücklich machen. Denn im Grunde fühlt man: So will ich nicht sein. Ich will kein Despot, aber auch kein Weichei sein.

Diese Polarisierung, also das zunehmende Auseinanderdriften zweier Persönlichkeitsteile, erklärt auch unerklärliche Rückschläge. Endlich haben wir uns fünf Kilo abgehungert und sind eigentlich ganz stolz auf uns, da futtern wir – hast du nicht gesehen – sieben

Kilo wieder rauf. Endlich liegen wir mal im Tagesplan und haben die reelle Chance, um fünf nach Hause zur Familie zu gehen – da verquatschen wir eine geschlagene Stunde mit einem Kollegen! Zwei Kundenbesuche laufen wirklich super und den dritten setzen wir voll gegen den Baum. Je länger wir harmonisch und ohne Streit mit dem Partner auskommen, desto heftiger lassen wir ihn irgendwann auflaufen. Hinterher ärgern wir uns grün: «Warum mußte das sein? Ausgerechnet jetzt, wo es so lange gutging?» Eben deshalb.

Je stärker und länger ein innerer Teil dominiert, der mit einem anderen im Clinch liegt, desto fürchterlicher muß der andere gegenhalten, um das Ungleichgewicht wieder auszugleichen. Hier gleicht die Situation ganz dem Streit zwischen Menschen: Keiner gibt nach. Jeder fürchtet: «Wenn ich nachgebe, treibt's der andere noch viel bunter!» Da hilft es auch nichts, wenn wir uns ermahnen: «Jetzt gönn dir doch ein bißchen Ruhe!» Nein, der Arbeitsteil läßt das nicht zu, weil er fürchtet, daß der Erholungsteil für Stunden jede Aktivität lahmlegt. Workaholics zum Beispiel fürchten nichts stärker als die Entspannung. Sie wissen: «Wenn ich erst mal zu faulenzen anfange, höre ich nicht mehr auf!» Sie sind so total überarbeitet, daß sie zwei Jahre Urlaub bräuchten. Aber das kann der Arbeitsteil nicht zulassen! Also unterbricht er den Erholungsteil, bevor die Erholung komplett ist, darauf unterbricht der Erholungsteil den Arbeitsteil mitten in einer wichtigen Arbeit, also reißt sich der Arbeitsteil noch stärker am Riemen, damit das ja nicht mehr vorkommt, deshalb schlägt der Erholungsteil noch stärker zurück ... Ad infinitum beziehungsweise ad Burnout.

Sich selbst zu sagen: «Jetzt sei doch nicht so arbeitssüchtig/vertrödelt/verfressen/faul/unfreundlich ...!» hilft nicht, weil wir damit unbewußt die Polarisierung verstärken: Wir ergreifen Partei für einen der widerstreitenden Teile. Deshalb muß der andere um so stärker zurückschlagen, je stärker wir uns ermahnen, doch nicht so ... zu sein! Paradox: Je stärker wir versuchen, einen unerwünschten Zustand oder ein unerwünschtes Verhalten abzustellen, desto heftiger stellt es sich ein. Der Rat des gesunden Menschenverstandes, sich selbst gut zuzureden, führt hier zwangsläufig in die Katastrophe. Man muß anders vorgehen. Da man es nicht schafft, einen Teil einseitig zum Verzicht zu bewegen – das Boot würde kentern –, muß man versuchen, beide Teile gleichzeitig ins Boot zurückzuholen.

Es gibt innere Streitereien, die kann man gut ertragen. Die Sonne scheint, aber ich muß hier tippen. Was soll's. Tippe ich eben mit halber Konzentration, während ich mir vorstelle, wie toll es draußen wäre. Es gibt aber auch innere Streitereien, die kann oder will man nicht mehr ertragen. Weil sie einen permanent unzufrieden machen oder den eigenen Erfolg verhindern. Dann muß man den Streit schlichten.

Die Verhandlung mit zwei Teilen

Solange sich zwei Teile streiten, fühlt man sich in gewissen Situationen immer unzufrieden. Vor allem behindert man sich selbst. Man erzielt nicht den Erfolg, den man erzielen könnte, wenn man in sich eins wäre. Also bringen wir die Streithähne ins Boot zurück. Übrigens, die nachfolgende Schlichtungsstrategie läßt sich nicht nur auf innere Teile, sondern ganz hervorragend auch auf streitende Mitmenschen anwenden.

Schritt 1

Wer streitet hier?

Was ist los mit mir? Welche zwei Seelen wohnen, ach, in meiner Brust? Was sagt die eine, was die andere? Bei Julia, die sich nicht an ihren Adonis an der Bar herantraut, sagt der beziehungsorientierte Teil: «Zu zweit wär's schon schön.» Doch der freiheitsliebende Teil sagt: «Nicht schon wieder eine Beziehungskiste!» Als Folge steht Julia zwei Stunden unentschlossen keine zwei Meter neben Romeo an der Bar. Als Chef lebt man ständig im Dilemma, sich durchsetzen zu müssen (Durchsetzungsteil), aber andererseits von

Das Zwei-Gewinner-Verhandlungsmodell

1.
Beide Teile schildern ihre Problemsicht.

2.
Beide Teile schildern ihre positive Absicht.

3.
Beide Teile würdigen
die positive Absicht des anderen.

4.
Finde den gemeinsamen Nenner beider Absichten.
Beide Teile bestätigen diesen gemeinsamen Nenner.

5.
Finde Lösung, um beide positiven Absichten gleichzeitig
oder zumindest wechselweise
als Kompromiß zu realisieren.

6.
Vereinbare eine saubere Absprache dieser neuen Lösung
mit Zeitrahmen, Controlling usw.
mit gegenseitigem Einverständnis.

seinen Mitarbeitern akzeptiert sein zu wollen (Harmonieteil). In welcher Situation sind Sie uneins? Bei welchem Verhalten benötigen Sie zu viel Energie, weil Sie gegen innere Widerstände ankämpfen? Wer sind die Kontrahenten? Lassen Sie beide Teile ihre Problemsicht schildern: «Ich fühle mich eben abends gräßlich einsam.» «Immer stürzt du dich übereilt in Beziehungen!»

Schritt 2

Was steckt dahinter? Was wollen die Teile? Was sind ihre Ziele, Absichten, Interessen?

Wenn ein Vorgesetzter abwechselnd seine Mitarbeiter anbrüllt und verwöhnt, dann hat er nicht ein Rad ab. Hinter beiden widersprüchlichen Verhalten stehen ganz vernünftige Absichten: sich durchzusetzen und dadurch gut beim eigenen Vorgesetzten dazustehen und trotzdem bei seinen Mitarbeitern beliebt zu sein. Wenn Sie die Absichten Ihrer beiden Teile erkannt haben: Geben Sie ihnen positive Namen und akzeptieren Sie, daß Sie beide brauchen, um Erfolg zu haben und geistig ausgeglichen zu sein. Man muß sich auch mal durchsetzen können, und man ist eben gern gut angesehen bei seinen Mitarbeitern. Beides ist gut, beides ist sinnvoll, beides ist nötig. Bedanken Sie sich bei beiden Teilen für ihre Dienste.

Das ist nicht immer leicht. Was zum Beispiel soll daran positiv sein, daß ich nach einer knüppelharten Diät sieben Kilo drauffuttere? Was soll daran positiv sein, daß ich einen Kundenbesuch schmeiße und dadurch meine Monatsprämie verliere? Was soll daran gut sein, wenn ich meine Mitarbeiter so anbrülle, daß die Produktivität zwei Wochen lang unter die Grasnarbe fällt? Ehrlich, das ist schwer zu verstehen. Aber es muß einen Grund geben, denn wir tun nichts grundlos. Wenn Sie lange genug nachdenken, kommen Sie dahinter. Denn die Antwort liegt in Ihnen. Sie können auch wieder die gute Fee rufen (s. S. 144) oder das Wunderspiel spielen: Was wäre, wenn der Rückschlag nicht passiert? Was tritt dann nicht ein? Und plötzlich gehen einem die Augen auf.

Man erkennt, daß es einen Unterschied gibt zwischen Verhalten und Absicht des inneren Teils. Das Verhalten verursachte sieben Kilogramm Gewichtszunahme, aber die Absicht war: Fühl dich wohl. Und unbestreitbar fühlten wir uns wohl, während wir die Schokoladenplätzchen futterten. Wir fühlten uns wohl, als wir dem Kunden so richtig die Meinung sagten. Die Absicht war gut, das Verhalten weniger. Wir fühlten uns wohl, als wir die Mitarbeiter anbrüllten, leider hatte das Verhalten unerwünschte Nebenwirkungen. Finden Sie die wahre Absicht hinter dem fehlgeleiteten Verhalten heraus und trennen Sie ganz klar zwischen Absicht und Verhalten. Sagen Sie dem Teil: «*Was* du beabsichtigst, unterstütze ich vorbehaltlos. *Wie* du es angestellt hast, müssen wir diskutieren.»

Schritt 3

Beide Teile akzeptieren sich gegenseitig – die innere Aussöhnung.

Hatten wir das nicht eben? Nein. In Schritt 2 akzeptierten Sie, also Ihr innerer Mannschaftskapitän, die positive Absicht der beiden Kontrahenten. Jetzt müssen auch die Kontrahenten dies gegenseitig tun. Wie nötig das ist, merken Sie immer dann, wenn Sie sich vorstellen, daß Sie zum Beispiel dem Wohlfühlteil freie Hand lassen: Futtere ruhig die Schokolade! Sofort geht der Fitneßteil die Wand hoch: Bist du verrückt? Mein hart erkämpfter Waschbrettbauch! Prompt kontert der andere: Sei doch ruhig, es gibt wichtigere Dinge im Leben als einen Waschbrettbauch. Und wieder geht der Streit los. So kommen wir nicht weiter.

Die einzelnen Teile müssen sich gegenseitig akzeptieren. Wenn Sie sich also geistig in einen Teil hineinversetzen (Ich will fit sein!), stellen Sie sich vor, was wäre, wenn der andere nicht existierte. Worauf müßten Sie verzichten? Sie wären wahrscheinlich fit wie Arnold Schwarzenegger, hätten aber keinen Spaß daran. Denn dafür ist der Wohlfühlteil verantwortlich, den Sie eben abgeschafft haben.

Das Traurige ist: Es gibt viele Menschen, die einen Teil von sich ins Exil geschickt haben. Der ewig unzufriedene Bodybuilder ist nur einer von ihnen. Er ist topfit, aber eigentlich unzufrieden mit sich. Deshalb trainiert er noch ein bißchen härter, wird aber nicht zufriedener. Genaugenommen wird er um so unzufriedener, je fitter er wird, weil er den Wohlfühlteil immer mehr vernachlässigt. Deshalb sind manche Menschen um so unzufriedener, je erfolgreicher sie sind, um so unglücklicher, je enger sie mit jemandem zusammenleben, um so mürrischer, je mehr Geld sie verdienen oder um so ungenießbarer, je stärker sie ihren Willen bekommen: Es fehlt ein wesentlicher Teil. Der Teil, der glücklich macht.

Kämpfen Sie nicht länger gegen sich selbst. Versöhnen Sie konkurrierende Teile miteinander. Amputierte Persönlichkeiten können nicht glücklich sein. Zum Glück und zum Erfolg muß man immer als ganzer Mensch kommen. Schlüpfen Sie in die Rolle des einen Teiles und sehen Sie die gute Absicht des anderen, und umgekehrt. Würdigen Sie beide Teile gegenseitig. Diese innere Versöhnung kann dauern. Vor allem, wenn man jahrelang gegen seinen inneren «Freßsack», «Despoten», «Schlappschwanz» oder «Feigling» ankämpfte. Da versöhnt man sich nicht so schnell. Mit einem professionellen Coach geht es schneller. Wenn Sie keinen finden können oder unzufrieden mit Ihrem Coach sind: Am Ende des Buches steht unsere Telefonnummer, wir helfen Ihnen weiter.

Viele Menschen müssen nach diesem Schritt ganz tief Luft holen. Es ist eine Riesenerleichterung, wenn man sich endlich mit sich selbst versöhnt. Wir merken dann oft erst, wie zerrissen wir waren, wieviel Energie wir auf innere Streitigkeiten verschwendeten, wie heftig wir bestimmte Seiten an uns bekämpften. Sobald wir uns mit uns selbst versöhnen, fühlen wir uns bereichert, ruhiger, sicherer. Es gibt einfach ein gutes Gefühl. Eine Last ist von uns genommen: Jetzt können wir uns wieder voll auf andere Aufgaben konzentrieren. Viele Menschen, vor allem Manager und Mütter, sehnen sich jahrelang nach diesem Gefühl des inneren Friedens, der Ruhe und Gelassenheit. Ein Teil, unter dem man jahrelang litt und den man vergebens bekämpfte, wird wieder in die innere Familie aufgenommen. Das stärkt und beruhigt ungemein. Deshalb gibt es glückliche Dicke. Sie bekämpfen sich nicht länger selbst, sie sind im reinen mit sich. Deshalb sind glückliche Dicke aber auch so selten: Diese innere Versöhnung ist eine hohe Kunst. Wer sie beherrscht, ist ein echter Magier seiner selbst. Dabei ist es ganz einfach: Man muß nur hinter dem irritierenden Verhalten die gute Absicht hervorkramen und akzeptieren.

Schritt 4

Finde den gemeinsamen Nenner beider Teile!

Ein schwerer Schritt. Denn was haben Futtern und Fitnesstraining gemeinsam? Das sind doch Gegensätze! Erst trainiere ich wie verrückt, dann futtere ich's wieder an! Hier den gemeinsamen Nenner zu entdecken ist der schwierigste Schritt bei der inneren Schlichtung. Denn normalerweise sehen wir die Gemeinsamkeiten der Teile gar nicht. Wir sehen nur die Gegensätze. Weil diese eklatant sind. Tagelang verstehe ich mich mit meinem Partner glänzend – und dann diese Rückfälle in die Streitsucht! Das paßt doch nicht zusammen! Doch, aber das muß man erst herausfinden.

Siegfried zum Beispiel joggt wie wild, um abzunehmen, erlebt aber ärgerlicherweise immer wieder kiloschwere Rückfälle. Je heftiger er joggt, desto heftiger kommen die Rückfälle, und je wilder er futtert, desto wilder joggt er. Siegfried fragt sich: Woher kommen diese Rückfälle? Aber das ist die falsche Frage. Sie verteufelt einen Persönlichkeitsteil bereits wieder als «Rückfaller». Erst wenn die Frage anders formuliert ist, findet man eine Antwort darauf: Was ist die gemeinsame Absicht hinter den konkurrierenden Verhaltensweisen? Raten Sie mal. Die Lösung folgt weiter unten. Sarah liebt ihre Arbeit, aber sehnt sich seit langem nach etwas mehr Ruhe. Sie ist innerlich zerrissen. Sitzt sie bei der Arbeit, träumt sie vom Urlaub, aber ist sie im Urlaub, traut sie sich nicht ohne Handy an den Strand. Warum kann Sarah nicht entspannen? Warum erlebt sie immer wieder Anfälle von Workaholismus? Fragen, die zu nichts führen. Die bessere Frage: Wo steckt der gemeinsame Nenner hinter den konkurrierenden Verhaltensweisen?

Der gemeinsame Nenner von Siegfrieds widerstreitenden Teilen ist relativ leicht zu entdecken. Joggen und futtern dienen beide dem Wohlgefühl. Wenn Siegfried futtert, fühlt er sich wohl, und wenn er eine Superfigur dank Joggen hat, ebenso. Bei Sarah ist es ein bißchen schwieriger. Was haben Workaholismus und Entspannung gemein – sind das nicht krasse Gegensätz? Es hilft hier, wieder daran zu denken, was passieren würde, wenn eines der beiden Verhalten total ausfiele: Sarah würde vor Überlastung ausbrennen oder vor Langeweile durchdrehen. Zufriedenheit und innere Harmonie verlangen beides: Aktivität *und* Ausspannen. Um sich ausgeglichen zu fühlen, braucht man die Balance zwischen beidem. Wir sehen also: Selbst hinter den krassesten Gegensätzen verstekken sich Gemeinsamkeiten. Man muß sie nur aufspüren. Das macht zwar ein bißchen Arbeit, aber auf die geht man gerne ein – bevor einen der innere Zwist den letzten Nerv kostet.

Wenn Menschen Probleme haben, den gemeinsamen Nenner zweier widerstreitender Persönlichkeitsteile zu finden, ist das meist ein Hinweis darauf, daß sie sich noch nicht vollständig mit sich ausgesöhnt haben. Sie fragen sich ständig: Woher kommen diese ständigen Rückfälle? Ich kann es nicht verstehen. Warum bin ich so? Ich bin doch so ein sportlicher Typ. Warum futtere ich immer wieder in mich rein? Warum schaffe ich es nicht? Warum stehe ich mir immer wieder selbst im Weg? Alles Fragen, die auf einen noch nicht vollständig bewältigten Schritt 3 hinweisen. Die innere Aussöhnung hat noch nicht umfassend stattgefunden. Der verbannte, verstoßene, ungeliebte Teil wird noch nicht vollständig akzeptiert, sondern immer noch als «Rückfall» und Saboteur tituliert. Also zurück zu Schritt 3, bis die innere Aussöhnung steht.

Sie spüren recht deutlich, wenn Sie im reinen mit sich sind. Ein Gefühl der inneren Ruhe überkommt Sie. Sie bekämpfen sich nicht länger selbst. Sie gewinnen die Energie zurück, die jahrelang für diesen inneren Streit vergeudet wurde. Sie fühlen sich zufriedener, konzentrierter, ausgeglichener. Der Lärm im Kopf wird leiser.

Schritt 5

Finde eine neue Lösung, die dem gemeinsamen Nenner gerecht wird.

Wir wissen jetzt, was hinter beiden widerstreitenden Verhaltensweisen als gemeinsame Absicht steckt. Also können wir eine neue Verhaltensweise finden, die die Absicht so verwirklicht, daß beide Teile zufrieden sind. Es gibt immer Dinge, bei denen ich mich genauso wohl fühlen kann wie bei einer Tafel Schokolade: ein Schaumbad, Kino, Massage, chinesisches Essen (ist immer noch Essen, aber kalorienarm) ... Es existiert eine Alternative zu jedem Laster. Wenn Sie bei diesem Satz einen inneren Widerwillen verspüren und den Gedanken haben: «Aber zu ... gibt es keine Alternative! Das ist das einzige, was mir in dieser Situation hilft!», können Sie drei Dinge tun.

- Seien Sie ein fairer Mannschaftskapitän. Bevor Sie ihn ablehnen, geben Sie dem neuen Weg eine Chance. Sie wissen ja: Der Mensch ist ein Gewohnheitstier. Alles Ungewohnte empfindet er zunächst als falsch. Wagen Sie 7+/–2-Versuche. Je vertrauter Ihnen der neue Weg wird, desto besser fühlt er sich an und desto unattraktiver wird die alte Gewohnheit.
- Das geht um so schneller, je schneller Ihr gesunder Menschenverstand mitrechnet: Der alte Weg hatte negative Folgen (man nimmt auf Schokolade zu) und verursachte ständig ein schlechtes Gewissen. Der neue Weg führt zum erstrebten Wohlbefinden und hat keine negativen Folgen und macht kein schlechtes Gewissen. Das heißt, der neue Weg wird in der Endabrechnung als wertvoller wahrgenommen als der alte. Plötzlich ist das Schaumbad attraktiver als die Schokolade.
- Der neue Weg wird um so attraktiver, je mehr Sie ihn ausbauen. Ein Schaumbad statt fünf Tafeln Schokolade wird vielleicht als spartanischer Ersatz empfunden. Aber wie wäre ein Schaumbad mit Sekt? Mit TV am Beckenrand? Mit Lieblings-CD, Ker-

zenlicht und dem Partner? So erschließen sich einem ganz neue Gefühlswelten. Merke:

Es gibt immer etwas, was deutlich besser ist als die alte Lösung. Das gilt für jede alte Lösung.

Viele Menschen glauben, daß man die eigenen Laster nicht abstellen kann: «Man kann sich seine Laster eben nicht aussuchen!» Das stimmt nicht. Wer hätte sie denn sonst für uns aussuchen sollen? Das Christkind? Irgendwann haben wir uns für Schokolade, den Glimmstengel oder das Jasagen entschieden. Und wir können uns genausogut jetzt für etwas anderes entscheiden.

Schritt 6

Der Verhandlungsabschluß: Ist der neue Weg okay für beide Teile?

Verhandlungen mit Persönlichkeitsteilen können zwei Ausgänge haben. Ein Teil gibt sein Verhalten vollständig auf, weil er auf dem neuen Weg seine Absicht auch/besser erreichen kann. Als Ergebnis fällt das, was wir als Rückfall empfinden, völlig weg: Wir rühren nie wieder eine Zigarette oder eine Tafel Schokolade an, brüllen nie wieder rum, kneifen nie wieder, wenn der Chef brüllt oder wenn man uns eine tolle Chance anbietet. Ein schönes Verhandlungsergebnis.

Doch nicht immer kann ein Persönlichkeitsteil sein Verhalten völlig aufgeben. Vielleicht sagt der Wohlfühlteil: «Okay, fünf Tafeln sind etwas heftig, aber eine halbe ist mein absolut letztes Angebot, und wenn du das nicht akzeptierst, stehe ich jetzt vor lauter Frust auf und futtere gleich die nächsten fünf.» Die erste Reaktion ist natürlich: «Was fällt dir ein? Jetzt verhandle ich so zivilisiert mit dir und du spielst hier den Unbelehrbaren!» Oder: «Dacht ich mir's doch. Ich bin unverbesserlich. Ich erreiche niemals meine Traumfigur/den Traumjob/den Traumpartner/...» Das sind menschliche Gedanken.

Und äußerst bequeme obendrein. Leider sind sie zu kurz gedacht. Nicht immer kann ein Teil sein Verhalten total aufgeben. Akzeptieren Sie auch das. Eine halbe Tafel ist besser als fünf – falls der Fitneßteil damit einverstanden ist. Und ob er das ist, merken Sie schnell – er meldet sich prompt zu Wort.

Dies ist das Feintuning der Verhandlungen, die Detailverhandlung. Damit die Schlichtung wirklich und langfristig erfolgreich ist, müssen beide Teile hundertprozentig einverstanden sein. Faule Kompromisse halten nicht lange. Checken Sie immer wieder ab: Sind beide Wünsche jetzt wirklich voll erfüllt? Oder bleibt noch ein Rest Zweifel oder Unzufriedenheit, wenn Sie sich in einen der beiden widerstreitenden Teile hineinversetzen? Dann verhandeln Sie nach. So lange wie es nötig ist. Sie merken schnell, wenn beide Teile wirklich vollständig einverstanden sind. Es stellt sich ein unvergleichliches Gefühl der inneren Geschlossenheit ein. Sie fühlen sich rundum wohl. Denn jetzt stehen alle Persönlichkeitsteile in Einklang miteinander.

Nun gehen Sie wie gewohnt in die Planung: Wann? Wo? Was? Womit? Wie? Wann kaufen Sie welchen Sekt und welches Schaumbad für welchen Abend? Je größer die Anzahl der Details, mit der ich mir den neuen Weg vorstelle, desto automatischer läuft der Film tatsächlich so ab. Je lebhafter ich mir vorstelle, was ich dem Chef wie, mit welchen Argumenten, Gesten und mit welchem Tonfall erzähle, desto automatischer läuft das neue Verhalten ab, sobald die Situation auftaucht – und nicht länger die alte Gewohnheit des Dukkens und Abtauchens. Der Film im Kopf steuert uns automatisch zur neuen Gewohnheit, weil wir diese jetzt als viel attraktiver empfinden als den alten Weg.

Sie benötigen nur beim ersten Mal für diese 6-Schritt-Folge so lange. Nach einem halben Dutzend Mal geht das in Minuten, nach einem Dutzend in Sekunden ab. Das ist das Erfolgsgeheimnis von Menschen, die nichts und niemand erschüttern kann. Die selbst in der schlimmsten Hektik kühlen Kopf bewahren und abgeklärt reagieren. Ihr Geheimnis: Sie beherrschen dieses innere Schlichtungsverfahren in Sekundenbruchteilen. Sie befinden sich im ständigen Dialog mit sich selbst. Das tun wir eigentlich alle. Nur leider läuft der Dialog meist so ab:

«He, halt, so geht das aber nicht!»

«Ach was, laß fünfe gerade sein, ich will jetzt Feierabend!»

«Und was soll der Kunde davon halten?»

«Kunde! Kunde! Denk doch mal an dich!»

Man spürt förmlich, wieviel Energie hier verlorengeht.

Kein Wunder, herrscht in unserem Kopf ein solcher Lärm und wir fühlen uns ständig leicht unklar, verunsichert und unzufrieden. Innerer und äußerer Streit sind sich da sehr ähnlich. Wenn wir innerlich zerstritten sind, fühlen wir uns, als ob wir in einem ständig zerstrittenen Team arbeiten müßten. Sobald jedoch der innere Schlichtungsprozeß läuft, stellen sich Erfolg und Zufriedenheit automatisch ein. Wir arbeiten in einem perfekt eingespielten Team:

«Moment mal, so geht das aber nicht!»

«Sehe ich ein, aber ich will nicht wieder bis sechs hier hängen.»

«Einverstanden, diese Tabelle noch, der Rest kann warten.»

«Okay, aber danach ist Abflug?»

«Absolut.»

Das hinterläßt doch gleich ein viel besseres Gefühl, nicht?

Unsere Persönlichkeitsteile sind quasi lernfähig. Sie gewöhnen sich den Streit ab und den Verhandlungsstil an. Das geht dann immer flotter. Gefestigte Persönlichkeiten können scheinbar unüber-

windliche Gegensätze und innere Konflikte binnen Sekunden in Wohlgefallen auflösen. Ausgeglichene Menschen bleiben immer bei sich, das heißt ausbalanciert. Keine triviale Fähigkeit.

Wenn diese Fähigkeit fehlt, bemerken wir es schmerzlich. Wir stehen beispielsweise vor einem unüberwindlich erscheinenden Problem und fragen uns frustriert: Was soll ich nur tun? Wir sind hin- und hergerissen. Unsere innere Balance ist gestört. Oder wir fallen ständig um. Heute sind wir der festen Überzeugung, daß wir unseren Geschäftsbereich dezentralisiert reorganisieren müssen, nächste Woche tendieren wir zur zentralisierten Organisation und übernächste Woche ... Eine solche Zerrissenheit ist ein prima Karrierekiller. Wer Erfolg haben will, muß sich überzeugt zeigen und seine Mitarbeiter konsequent führen. Doch Überzeugungskraft nach außen kommt von innerer Überzeugung. Das kann man nicht vorspielen. Wer in sich überzeugt ist, dem sieht man das schon von weitem an. Denn jeder Teil, den wir unterdrücken, zeigt sich überdeutlich in unserer Körpersprache. Daher die berühmten intendierten Fluchtbewegungen: Der Vizepräsident läßt zwar markige Worte ab, schnippt aber bei seiner Präsentation dauernd mit dem Kuli. Die Belegschaft hört die Worte, allein es fehlt ihr der Glaube. Die Körpersprache spricht lauter als die gesprochene Sprache: «Oje, er ist nervös. Er ist selber nicht überzeugt. Sind unsere Jobs noch sicher?» Ganz anders die Körpersprache von Menschen, die durch und durch von sich und/oder ihrem Thema überzeugt sind: da schnippt nichts, da zuckt nichts, da wackelt nichts.

Erfolgsrätsel aufgelöst

Das Modell der Persönlichkeitsteile erklärt sehr schön, weshalb wir uns bestimmte Marotten einfach nicht abgewöhnen können. Lampenfieber, Rauchen, Faulenzen, Schwarzsehen, Zweifeln, Entscheidungsschwäche, Zögern, Hetzen oder Jasagen zum Beispiel. Was haben wir nicht alles schon versucht! Es gibt Dutzende Techniken, sich das Lampenfieber oder das Rauchen abzugewöhnen. Deshalb funktionieren sie nicht. Man kann sich nicht sich selbst abgewöhnen. Je stärker wir einen Teil von uns bekämpfen, desto stärker schlägt er zurück. Das ist das Prinzip der Polarisierung. Indem wir beispielsweise das Lampenfieber bekämpfen, legen wir uns ungewollt auf die Seite des Risikoteils. Der Sicherheitsteil fühlt das Gleichgewicht bedroht und hängt sich noch mehr raus: sein Mittel ist das Lampenfieber. Er will uns vor Blamagen schützen. Deshalb wird das Lampenfieber um so schlimmer, je heftiger wir es bekämpfen: Ein berechtigtes Interesse wird ignoriert.

Das Erstaunliche an großen Bühnenpersönlichkeiten ist, daß auch sie nicht frei von Lampenfieber sind. Von Luciano Pavarotti weiß man, daß er auch heute noch vor jedem Auftritt vor Lampenfieber zittert. Auch Sir Laurence Olivier ging es so. Erfahrene Redner und Schauspieler haben es längst aufgegeben, dagegen anzukämpfen: Es macht die Sache nur noch schlimmer. Ein Schauspieler des Landestheaters in der Universitätsstadt Tübingen sagte einmal: «Lampenfieber ist wie eine kleine Schwester. Manchmal lästig. Aber wenn man sie wegschickt, macht sie noch mehr Unsinn. Also muß ich sie wohl oder übel bei der Hand nehmen. Dann verhält sie sich anständig.» Ein schönes Bild. Es enthält alles, was wir weiter vorne bei unserer inneren Verhandlungstechnik gelernt haben: die Aufgabe des Kampfes, das Eintreten in die Verhandlung, die innere Versöhnung und die einsetzende Erleichterung, sobald man akzeptiert (und verhandelt), anstatt anzukämpfen.

Das Teilemodell erklärt viele Erfolgsrätsel auf einleuchtende Weise. Warum zum Beispiel kann ich einen Marathon laufen und danach noch eine Runde Tennis spielen, aber nach zwei Stunden Budget-Tabellarisierung fühle ich mich am Ende meiner Kräfte? Warum können manche Leute 17 Stunden am Tag arbeiten und danach noch Kegeln gehen, während ich schon nach 8 Stunden gerädert bin? Das Geheimnis dahinter: Nicht die Arbeit ermüdet, sondern unser Widerstand dagegen. Während einige unserer Teile fleißig bei der Arbeit sind, bremst (mindestens) einer heftig ab. Und mit welcher Kraft! Es ist erstaunlich, wozu wir fähig sind, wenn alle unsere Teile geschlossen hinter uns stehen: Triathlon, Himalaja, Sportabzeichen, Häuslebauen, Kinder erziehen, geliebte Menschen pflegen ... Das sind die Konditionswunder, wo andere sagen: «Ich weiß nicht, woher er das nimmt!» «Sie scheint nie müde zu werden und ist dabei auch noch gut gelaunt!» So viel Kraft steckt in uns, wenn unsere Persönlichkeitsteile ausbalanciert sind.

Und dieselbe gigantische Kraft bremst uns aus, wenn ein Teil quertreibt: Schon nach fünf Minuten einer verhaßten Arbeit fühlen wir uns wie nach fünf Stunden Schwerstarbeit. Wer eine verhaßte Arbeit beginnt, hat schon verloren. Natürlich können wir sie trotzdem durchziehen und feste die Zähne zusammenbeißen: Try harder! Das geht durchaus. Wir fühlen uns danach aber wie zerschlagen.

Wer das nicht möchte, braucht sich vor der Arbeit nur zwei Minuten Zeit zu nehmen: Welcher Teil wird jetzt gleich quertreiben? Wer wird gleich gegen wen kämpfen? Die Aufgabe kann ich nicht zurückgeben – aber auf welche Weise kann ich sie verändern, damit alle Teile zufrieden sind? Aufgaben lassen sich immer so restrukturieren, daß sie alle Persönlichkeitsteile befriedigen. Wer als Superkreativer eine sturzöde Arbeit erledigen muß, muß sich nicht zusammenreißen. Er kann, aber er muß nicht. Er kann seinem Kreativteil auch das geben, wonach er sich sehnt, indem er zum selben Ergebnis auf andere, neue, kreative Weise kommt. Der Projektleiter eines Bauunternehmens beispielsweise plant sein Budget – eine sterbenslangweilige Angelegenheit – seit kurzem mit relationaler Software. Das ist ungefähr so, als würde man in eine Käferkarosserie einen 500-PS-Motor einbauen. Völlig unnötig. Macht aber gigantisch Spaß. Seither ist das Budget nach zwei Tagen fertig. Früher lag es immer wochenlang herum, bevor sich der Projektleiter überwinden konnte.

Ohne Schweiß kein Preis – wer sagt das? Das ist typische Propaganda von Leuten, die sich gerne quälen – oder die innere Schlichtung nicht beherrschen. Erfolg fällt ganz leicht, sobald Sie die innere Verhandlung beherrschen. Denn was bedeutet Zähnezusammenbeißen denn? Daß ein Teil nicht einverstanden ist mit dem, was Sie tun, und daß Sie wie wild gegen ihn anrennen. Deshalb funktionieren Lösungen nicht, bei denen Sie die Zähne zusammenbeißen müssen. Teil X läßt sich einige Tage, Wochen oder Monate mit viel Kraftaufwand unterdrücken. Aber irgendwann erschöpft Sie der ständige Energieverlust derart, daß Sie Teil X nicht weiter unten halten können und er in einem «schwachen Augenblick» doch wieder hochkommt. Ein treffendes Bild. Solange man noch schwach werden kann, wird man es irgendwann. Lösungen, die man nur mit brutaler Kraft gegen inneren Widerstand aufrechterhalten kann, stürzen im ersten schwachen Moment in sich zusammen.

Sobald man innerlich verhandeln kann, muß man sich nicht länger «zusammenreißen». Man muß sich nicht ständig den Griff nach der Zigarette verkneifen. Man kann sie lachend links liegenlassen, weil die neue Lösung viel attraktiver ist. Man fühlt sich einfach besser dabei. Und es kostet noch nicht mal Mühe, innere Überwindung oder «Biß». Man ist in einem Stadium angelangt, wo man für sich behaupten kann: «Erfolg ist ein Kinderspiel!»

«Wir nutzen nur fünf Prozent unseres geistigen Potentials.»
Einstein

«If you wanna be free, be free.»
Cat Stevens

7 Kontrolliere, was dich kontrolliert

Zu viele Ziele

Sie haben nun eine Menge über das erfahren, was Ihnen täglich Erfolg und Lebensglück verbaut. Was fangen Sie damit an? Möglicherweise zu viel.

Die meisten Menschen haben zu viele Ziele. «Endlich Abteilungsleiter werden, endlich meine Ehe wieder kitten, mich mehr um die Kinder kümmern ...» Die Liste wird lang und länger. Den meisten Menschen fallen auf Anhieb zwanzig oder mehr Ziele ein. Das schafft kein Hirn. Die Grenze der intellektuellen Kapazität liegt (s. Kapitel 4) bei 7+/–2-Zielen. Alles, was darüber hinausgeht, ist Ballast, der unseren Erfolgsballon am Boden hält. Es hilft nichts, sich zu verzetteln. Konzentrieren Sie Ihre geistigen Ressourcen auf die im Augenblick wichtigsten Ziele. Meist sind das fünf bis sieben. Haben Sie eines erreicht, kann ein anderes Ziel nachrücken. Der große Vorteil daran: Konzentration bringt Konzentration. Wir haben unsere fünf oder sieben wichtigsten Ziele immer vor unserem geistigen Auge präsent. Wir müssen sie nicht irgendwo im HelfRecht oder Filofax oder auf dem Tischkalender aufschreiben. Doch nur im Kopf werden Ziele erreicht, nicht auf irgendwelchen Zetteln. Was wir ständig vor unserem geistigen Auge oder geistigen Ohr präsent haben, das erreichen wir auch.

Schreiben Sie Ihre vollständige Zielliste, dann bringen Sie sie in eine Reihenfolge. Am besten geschieht das am PC. Dann können

Sie die Rangfolge den täglichen Veränderungen in Ihrer Umwelt oder bei Ihren Wünschen anpassen.

Dann ordnen Sie diese Ziele ihrer Wichtigkeit nach. Um zu dieser Rangfolge zu kommen, sollten Sie (endlich) all jene Ziele rauswerfen, die Sie überhaupt nicht erreichen wollen. Hat sich die Liste gegenüber derjenigen von Kapitel 2 verändert? Welches sind *jetzt* Ihre wirklichen Ziele? Von zwanzig Zielen, die wir haben, wollen wir im Grunde unseres Herzens nämlich nur fünf wirklich erreichen. Jedes Ziel, das zuviel ist, frißt Energie, die einem sinnvollen Ziel fehlt. Sie sagen jetzt vielleicht: «Aber ich muß doch ...!» Beruflich vorwärtskommen, eine gute Figur haben, gutes Geld verdienen, meine Kinder gewissenhaft erziehen, ein Haus bauen, endlich heiraten und Kinder kriegen, den Doktor machen, mit dem Rauchen aufhören? Ja schon, aber wer sagt das? Wenn Sie im Grunde Ihres Herzens spüren, daß Sie für keinen Preis der Welt auf Ihr Zigarettchen unter Freunden verzichten wollen, auch wenn Sie das fünf Jahre Ihres Lebens kostet – wenn Sie das wirklich wollen, total in Ordnung. Es nützt nämlich überhaupt nichts, sich ein Ziel zu setzen, das man nicht wirklich will, das einem gegen den Strich geht. Wenn wir uns nämlich zähneknirschend das Ziel setzen, mit dem Rauchen aufzuhören, und dann bei jeder Zigarette denken: «Sollte ich eigentlich nicht!», kostet uns dieser emotionale Streß mehr Gesundheit als die Zigarette selbst. Vor allem, weil wir uns wegen des Stresses mit dem schlechten Gewissen gleich noch eine anstecken müssen ... Halbherzige Ziele bringen Ärger und keinen Erfolg.

Tückisch wird es, wenn andere Ihnen diese Ziele nicht aufdrängen, sondern Sie glauben, daß man das einfach von Ihnen erwartet. Für wen nehmen Sie ab? Für sich? Wollen Sie sich wohl dabei fühlen? Oder wollen Sie jemandem gefallen? Jemand, der nachher vielleicht sagt: «I like my women big!» wie es eine Romanfigur von Terry McMillan einmal ausdrückte. Für wen erklimmen Sie die nächste Karrierestufe? Für sich? Oder tun Sie es für die Familie, die nachher sagt: «Jetzt bist du noch weniger bei uns!»

Wenn Sie es nicht wirklich selbst wollen, tun Sie es nicht – und tragen Sie die Konsequenzen. Eva sagt: «Ich gefalle mir so, wie ich bin. Jedes Pfund ist reine Lebensfreude. Soll er doch gehen, wenn es ihm nicht paßt. Wenn diese fünf Kilo den Ausschlag geben, war er nicht der richtige.» Das befreit unendlich. Wenn wir ein ungeliebtes Ziel loslassen, das uns ständig nach unten zog, schnellt die Seele wie ein Ballon in die Höhe. Man fühlt sich frei, leicht und einfach gut. Man fühlt sich authentisch: Endlich tue ich das, was *ich* will. Also kontrollieren Sie, was Sie kontrolliert, und nehmen Sie Abschied von inauthentischen Zielen. Das ist im Grunde ganz leicht.

Nicht ganz so leicht ist es, die Konsequenzen seiner Entscheidung zu tragen. Denn das Ziel, von dem ich bislang dachte, daß ich es unbedingt brauche, mag ich zwar aufgegeben haben. Doch die Leute, die es mir einredeten, werden opponieren: «Dickerchen, laß die Torte stehen!» Treten Sie dem entschieden entgegen. Sie werden erleben, daß Ihnen der Widerspruch sehr viel leichter fällt, als das ungeliebte Ziel mit zusammengebissenen Zähnen anzustreben. Machen Sie Ihren Standpunkt entweder diplomatisch oder unmißverständlich klar: «Laß mir die Torte. Du siehst auch nicht mehr aus wie Adonis. Außerdem soll auf meinem Grabstein nicht stehen: Eva, das Supermodel. Sondern: Eva, die Superfrau. Was ist dir lieber?» Andere Menschen sind sehr viel verständnisvoller, als wir gemeinhin annehmen – sofern wir das 6-Schritt-Verhandlungsmodell von weiter vorne anwenden. Der andere hat eine Absicht – welche? Mein Partner möchte vielleicht nicht mal, daß ich aussehe wie Claudia Schiffer oder Arnold Schwarzenegger. Er möchte möglicherweise nur vermeiden, daß ich nachher wieder jammere: «Diese Torte war zuviel!» Kurz: Er möchte, daß wir uns wohlfühlen. Zeigen wir ihm, daß wir unsere Ziele geändert haben, kapiert er meist schnell, daß diese Lösung seine Absicht ja auch erfüllt. Gerade Partnerschaften, privaten wie geschäftlichen, tut so eine Bereinigung um unechte Ziele gut. Sie erleichtert enorm.

Natürlich müssen wir, wenn wir uns wirklich dafür entscheiden, unser eigenes Leben zu leben, den Einspruch einer Welt ertragen und verhandeln, die Selbständigkeit nicht gerne sieht. «Das tut man nicht! Das gehört sich nicht! Was sollen denn die anderen denken!» Doch zu verhandeln ist tausendmal leichter, als einem Ziel hinterherzuhecheln, das uns im Grunde unseres Herzens gegen den Strich geht. Jede(r) von uns kann frei sein, das zu tun, was sie/er will. Freiheit ist nichts anderes als ein Glas Wein. Auch Freiheit hat ihren Preis: Man muß Freiheit verhandeln. Und diese Verhandlungskosten sind tausendmal geringer, als auf Freiheit zu verzichten. Daß hundert andere Leute um uns herum sich nicht trauen, macht den Preis der Freiheit nicht größer, es macht unfrei sein nur bequemer. Wir zahlen alle einen hohen Preis dafür, nicht das zu tun, was wir wollen. Und solange das gesellschaftlich akzeptiert wird, fällt jeder auf, der plötzlich einen geringeren Preis bezahlen möchte.

Training für den Kopf

Wir alle haben ein wunderbares Erfolgsinstrument: unseren Kopf. Das Problem ist nur, daß der Kopf in untrainiertem Zustand wie ein Bundesligaspieler in untrainiertem Zustand ist. Er spielt nicht gut. Er schießt Eigentore. Der Kopf macht in untrainiertem Zustand gerne Unfug. Oder wie ein US-Psychologe es etwas überspitzt ausdrückte: «The untrained mind is like a loose canon: It's got to be tied down, before it sinks the ship.» Der untrainierte Geist ist wie eine losgerissene Kanone auf einem Segelschiff. Wenn sie nicht vertäut wird, kann sie eine Schiffswand durchschlagen und das Schiff versenken. Auch Pferde muß man vor den Wagen spannen und im Zaum halten, wenn sie den Wagen ziehen sollen. Ein wild ausschlagendes Pferd ist zwar ein schönes Bild, aber manchmal muß man eben die Hochzeitskutsche vor die Kirche bringen. Also nehmen Sie Ihren Geist an die Zügel, wenn Sie irgendwohin wollen.

Für viele Menschen ist das eine fremde Erkenntnis. Weil das Denken so unsichtbar und automatisch wie der Herzschlag ist, glauben wir gerne, daß es auch nicht zu beeinflussen ist. Aber das stimmt nicht. Auch der Herzschlag läßt sich beeinflussen, wie das Autogene Training («Mein Herz schlägt ganz ruhig.») beweist. Unser Denken ist nicht etwas, das sich außerhalb unseres Einflusses vollzieht. Wir sind verantwortlich für das, was wir denken. Wenn das Glas halb leer/halb voll ist, treffen wir eine Wahl, es als halb leer oder halb voll zu betrachten. Daß uns diese Wahl meist unbewußt ist, heißt nicht, daß wir sie nicht beeinflussen können. Es heißt, daß wir sie bewußt machen müssen, um sie beeinflussen zu können. Bewußtheit und Training heißt das Erfolgsrezept.

Trainieren Sie wie ein echter Sportler. Seien Sie geduldig mit sich. Seien Sie sich selbst ein geduldiger, wohlwollender, weiser Trainer. Rufen Sie den Mannschaftskapitän (s. Kapitel 6) in sich herbei. Es ist noch kein Kutscher vom Himmel gefallen. Wenn Sie Ben Hur sahen, wissen Sie, wie lange Ben mit seinem Viergespann trainieren mußte, bevor er zum berühmtesten Wagenrennen der Filmgeschichte antreten konnte. Wie oft er vom Wagen fiel, fluchte und – wieder aufstand. Unser Geist ist das wildeste Viergespann, das man sich vorstellen kann. Er ist leistungsstärker als jeder Computer, den Sie jemals bedienen werden. Und für WORD haben Sie schon Wochen gebraucht, bis es halbwegs sauber lief! Da können Sie nicht erwarten, den eigenen Geist in Tagen in Erfolgsform zu bringen. Manche sagen sogar, mental stark zu werden, ist eine Lebensaufgabe. Denn wenn man mal erlebt hat, wie hoch die Dividende auf das Gehirntraining ist, kann man nicht genug davon kriegen.

Wir wünschen Ihnen viel Spaß und Erfolg beim Aufspüren Ihrer Erfolgsblockaden und auf Ihrem Weg zu einem erfüllten, erfolgreichen Leben. Wenn Sie auftauchende Fragen in Seminar oder Coaching vertiefen wollen oder wenn Sie als Führungskraft Ihre Mannschaft von Erfolgsbarrieren befreien möchten, rufen Sie uns an: 0049/8121/41420. Wir helfen Ihnen gerne.